SOUVENIRS

DE LA MARQUISE

DE CRÉQUY

ÉMILE COLIN ET Cie. — IMPRIMERIE DE LAGNY

Madame Necker.

SOUVENIRS

DE LA MARQUISE

DE CRÉQUY

DE 1710 A 1803

NOUVELLE ÉDITION REVUE, CORRIGÉE ET AUGMENTÉE

TOME TROISIÈME

PARIS

GARNIER FRÈRES, LIBRAIRES ÉDITEURS

6, RUE DES SAINTS-PÈRES

SOUVENIRS

DE LA MARQUISE

DE CRÉQUY.

CHAPITRE PREMIER.

La Comtesse d'Egmont (suite). — Recette pour conserver les perles. — Les XII Mazarins. — La Couronne héraldique des Créquy. — Son Origine. — Présentation de Mme Dubarry. — La Marquise d'Aloigny et la Comtesse de Béarn. — Un Grand-Couvert à Versailles. — Mme de Coigny. — Son Tabouret, qu'on ne saurait placer. — Dissertation sur les *femmes titrées*. — Sur les Princes étrangers. — Sur la noblesse de plusieurs familles allemandes. — Sur la maison d'Autriche et celle de Prusse. — Étiquette de la Cour de France pour les éventails. — Grande surprise du jeune Séverin. — Mot de Louis XV à M. de Jouffroy. — Disparition de Séverin. — Désespoir de Mme d'Egmont. — Sa maladie. — Sa mort.

A partir d'ici, vous me trouverez moins bien informée, et je vous avouerai qu'il ne m'aurait pas convenu de l'être mieux. L'Abbé Duhesme avait refusé de participer à l'exécution d'un fidéi-commis, scrupule assez légitime en ce que, dans tous les cas de contestations judiciaires où l'on est interrogé sur les faits, on est obligé de dire la vérité lorsque le juge l'ordonne, et parce que, relativement aux fidéicommis, la volonté du législateur et l'intention de la loi se trouvent toujours en opposition directe avec celle du testateur. Le Curé de Saint-Jean s'en était fait une affaire de conscience; il était allé consulter M. de Beaumont, son Archevêque, et celui-ci défendit au curé, sous peine d'*interdiction*, de se laisser entre-mêler dans une affaire agencée pour *frauder la loi*. M^{m} d'Egmont fut donc obligée de renoncer à l'assistance de son confesseur, qu'elle avait fait remplacer dans le testament de M. de Poitiers par une autre personne dont je n'ai pas su le nom, parce qu'elle avait exigé de rester inconnue. Les héritiers naturels du Vidame, qui étaient le Marquis de Lusignan, le Marquis de Turpin et le vieux Duc de la Vallière, n'avaient fait aucune espèce de chicane, et Mme d'Egmont me dit quelques mois après, avec un air assez embarrassé, qu'elle avait fait venir M. de Guys dans une église, où elle s'était rendue à pied, sans suite et sans toilette, et qu'elle lui avait fait la remise de deux cent vingt mille livres, en assignations de rentes, ce qui était le produit de la vente des pierreries et de l'argenterie du Vidame de Poitiers. Je m'aperçus que son front rougissait en me parlant, et je crus m'apercevoir qu'elle aurait désiré m'en dire un peu plus, mais je ne fis rien pour provoquer sa confiance; je sentis qu'elle en pourrait arriver à des confidences ou des explications dont je me trouverais embarrassée, parce que je ne voulais pas l'encourager dans ses attendrissemens, et parce qu'il m'aurait été pénible de la sermonner et de l'affliger par une sévérité hors de propos, puisqu'elle ne servirait à rien, l'affaire étant faite. Je lui dis seulement que j'étais surprise et fâchée qu'elle eût donné son rendez-vous dans une église... Je lui vis baisser les yeux et mordre ses lèvres avec un mouvement nerveux qu'elle ne put réprimer; mais je crus devoir changer de propos d'un ton sec et dégagé qui me faisait un mal horrible. Mme d'Egmont ne fut pas la dupe de cette petite manœuvre ; je m'en aperçus bien à son air amical et résigné ; elle n'en fut pas moins affectueuse et moins empressée pour moi quand je la rencontrai chez son père; mais ses visites à l'hôtel de Créquy devinrent moins fréquentes, et je fus pendant cinq à six mois sans entendre reparler du jeune M. de Guys.

Un soir de grand orage, il m'en souvient à merveille, et c'était une vigile de la Saint-Louis, j'avais été souper à l'hôtel de Richelieu, où le Maréchal me demanda si je ne comptais pas aller faire ma cour à Versailles et m'asseoir au grand-couvert du lendemain? Je lui dis que c'était mon intention. — Ma fille y doit aller, reprit-il; laquelle de vous deux mènera l'autre?

Il m'avait toujours semblé que j'étais la personne avec laquelle il aimait le mieux voir aller sa fille; je devinai que le fin matois s'était aperçu que nous étions ce qui s'appelle en délicatesse, et qu'il avait calculé qu'il suffirait de nous mettre en vis-à-vis pour nous raccommoder parfaitement. Entre honnêtes femmes on n'a jamais sujet de brouillerie personnelle et persistante. Nous nous regardâmes en souriant, sa fille et moi, et nous convînmes d'arriver ensemble à Versailles pour l'heure de la messe.

Je n'ai jamais vu Mme d'Egmont plus brillante et plus parée! Elle avait un grand habit noir, en dauphine lampassée, lequel était garni sobrement et suffisamment par une élégante et riche broderie de fleurs de capucines, en couleur et de grandeur naturelles, avec leur feuillage en or. Elle avait mis toutes les perles héréditaires de la maison d'Egmont qui valaient au moins quatre cent mille écus, et qui étaient substituées à perpétuité, ni plus ni moins qu'un majorat de Castille ou qu'une principauté de l'Empire. C'étaient ces mêmes perles sur lesquelles la République de Venise avait prêté tant d'argent au Comte Lamoral d'Egmont, pour soutenir la guerre des Pays-Bas contre le Roi Philippe et son Duc d'Albe. Il est à remarquer que, sur toutes ces perles, il n'y en avait que deux ou trois qui se fussent éteintes depuis le seizième siècle. M. d'Egmont disait pertinemment que pour empêcher les perles de s'éteindre et même de se ternir, sans mourir et se pulvériser, il était suffisant de les enfermer avec un morceau de racine de frêne. M. de Buffon n'y voulait pas croire, mais une expérience qui s'est transmise de générations en générations dans une famille ancienne est tout autre chose, à mon avis, qu'une argumentation d'académicien. Souvenez-vous de la recette de Messieurs d'Egmont quand vous hériterez de mon beau fil de perles, qui provient de la famille Gradenigo de Venise, et que mon père y avait payé quinze mille écus.

Ce qu'il y avait d'aussi magnifique et de mieux assorti dans cette belle parure de Mme d'Egmont, c'était que les fermoirs de ses bracelets, l'agrafe de son collier et l'attache de son aigrette (où l'on voyait jouer quarante perles pendeloques du plus beau profil et du plus bel orient) étaient formés par des hyacinthes immenses, étincelantes, éblouissantes et de la plus belle couleur de capucine. Parmi les pierres les plus précieuses, j'ai toujours ouï dire qu'après la tourmaline et le béril, il n'était rien de si rare et de si précieux que les hyacinthes de la vieille roche.

Je demandai à Septimanie comment il se faisait qu'elle eût mis un grand habit à fond noir, un jour de fête? C'était parce que M. d'Egmont l'avait désiré, me dit-elle, attendu qu'il était *Condé Pariente de Portugal*, et que le deuil de la Reine Dona Marianne n'était pas terminé pour lui. Comme je voulais faire honneur à votre famille et n'avoir pas l'air de la duègne de l'infante à côté de Mme d'Egmont, sur qui j'avais toujours soin de prendre le pas, vu la parité du rang et la priorité d'âge, j'avais mis un très-bel habit de cour en étoffe brochée de trois nuances de bleu, dont la plus sombre était le bleu de lapis qu'on appelle à présent *œil de roi*. J'avais les plus beaux falbalas du monde en dentelle d'argent; enfin j'avais eu soin d'exhiber tous les diamans de votre couronne cygnale (1).

(1) L'intention de cette métaphore aristocratique paraît être allusive aux armes de Créquy, dont la couronne héraldique était fermée par *trois cols de cygne d'argent embecquant un anneau*

La Reine me fit ordonner de m'approcher d'elle, afin de mieux voir le *Connétable de Lesdiguières* que je portais en bracelet, et l'on décida qu'il était in-

d'or, *éclairé d'une escarboucle*. Le Mémorial de l'Abbaye de Ruissonville rapporte que c'était en mémoire de Gérald II, Sire de Créquy, Despote d'Alep et Vice-Roi de Jérusalem, *lequel s'estoit desparty de la terre saincte, et, ratournant au sien chastel, advisa suz les foussées d'iceluy troix cignes blancs quy cruellement s'ebattoient et nafvroyent pour havoyr lannel de son espouzée Hyolande de Haynault, laquelle avoyt jecté son-dict annel de marriaje en lesdictes foussées, cuidant son seigneur d'estre pery de malemort ez guerres d'oultremer, pourquoi se voulloyt ancloistrer au moustier prochain de Freschin, par grant ennuye d'affliction dolante. Lequel annel de rubits fut reprists aulx bestes par le mary, quy le fust remettre ez mains a sa dame, et dont grand liesse y fust ez terres de Créquy, pour estre le Sire adveneu sy bien a poinct, veu quau royt leziours ensuivant treuvay sa paulvre dame en religion, sans havoyr ancore aultre lignée que loeur fille, Mahault de Crequy, laquelle espousa, de vers l'an 1114, Bauldouin, Chastellein de Sainct-Omer ; ycelluy Gerald fust père de Messire Raoul de Crequy, lequel espouza Mahault, fille de Renault Sire de Craon*, etc. Voici les deux premiers couplets d'une complainte qu'on trouve dans ladite chronique au sujet de la captivité du même Raoul de Créquy, fils de Gérald :

Loing temps fust menée feste au chastel de Crequy,
Y fust criez Noël et largiesse on y fist !
Jourdhuy, guerre on a faict pour tollir lheritaige
Au pausvre Damoysel, durant son esclavaige.

Cestuy Sire Raoul, en wardiant les creynaulx,
Clasmoit touts dis à Dieus faisre finir ses maulx,
Mays ja metz ne pouoyt roy neulles nouvelles
De France, et demeustra soumist aux infidelles.

niment plus beau qu'aucun des douze *Mazarins* (1).
Le Commandeur d'Esclots, mon oncle, en fut pénétré de satisfaction, et ce ne fut pas sans peine que je pus obtenir de lui qu'il n'écrirait pas à la Reine pour lui en témoigner sa gratitude. Le bon vieux seigneur était d'une époque où la moindre parole royale et la moindre faveur aulique paraissaient d'un prix inestimable ! il était le type du véritable Français, en ce qu'il idolâtrait la faveur; et surtout parce qu'il avait besoin d'estimer et de voir respecter ses maîtres. Il est mort sans qu'on ait pu lui persuader que Mme le Normand d'Étioles avait un appartement au château de Versailles, ni surtout qu'elle avait été créée Marquise de Pompadour et Dame du palais. — Tout cela sont des absurdités calomnieuses et des iniquités qui devraient être poursuivies et punies à la diligence du procureur-général ! s'écriait-il en s'agitant sur son fauteuil où le retenait la sciatique. — Il est impossible que le Roi se fasse un malin plaisir d'insulter à la noblesse et d'avilir sa couronne en accordant pareilles faveurs à

---

(1) Ces douze pierres, à peu près d'un même volume et d'une égale beauté, avaient été léguées à Louis XIV par le Cardinal Mazarin. La *Convention* ne put jamais trouver à les vendre à aucun souverain de l'Europe, y compris le Sultan qui refusa de les acquérir. Le *Directoire* les avait mises en gage en Hollande, d'où Buonaparte les fit retirer aussitôt qu'il fût devenu premier consul. Elles faisaient encore partie des joyaux de la couronne de France au mois de mai 1830, époque où nous les vîmes pour la dernière fois à l'hôtel du Garde-Meuble, à Paris. Il y en avait sept au diadème de la couronne du sacre, et les cinq autres étaient comprises dans la monture d'un superbe collier de chatons.

Note de l'Éditeur.)

Mam'selle Poisson!... Jugez ce qu'il aurait dit en voyant la Gazette de France annoncer la présentation de Mme Dubarry! Hélas, hélas! ce fut un scandale avec des rumeurs à faire écrouler toute une monarchie; mais, pour l'honneur de la noblesse de France, il ne faut pas oublier qu'on eut bien de la peine à trouver une femme de condition qui voulût se laisser commettre à cette présentation-là; aussi bien, fut-ce parmi les Dames de la feue Duchesse de Berry, fille du Régent, qu'on fut obligé d'aller quémander une pareille lâcheté. On n'avait pas osé s'adresser à des femmes parfaitement considérables, c'est-à-dire à des personnes du plus grand air pour le monde et du meilleur ton pour les mœurs; on était descendu de certaines femmes de grande qualité, peu respectables du reste, et qui néanmoins refusèrent toutes à qui mieux mieux, avec des éclats de hauteur et des indignations admirables, on était descendu, vous dirai-je, à la Marquise d'Aloigny qui prétexta d'un mal de jambe, et qui s'établit sur son lit, où elle eut la patience de rester deux ou trois mois encore après la présentation de Mme Dubarry. A défaut de mieux, on fut donc obligé de s'accommoder d'une misérable Gasconne intitulée Comtesse de Béarn, vilaine joueuse à qui nous n'aurions pas fait la révérence! Elle avait eu nom Mlle Morin, et la famille de son mari, bien noble et très ancienne au surplus, s'était emparée du nom de Béarn, à cause d'une alliance qu'elle avait contractée en 1508 avec une prétendue descendante des anciens Vicomtes de Béarn, tandis que cette maison souveraine avait fini (l'an 1290) dans la personne de

Gaston VIII, qui n'avait laissé qu'une fille appelée Marguerite, laquelle épousa le Comte Roger de Foix, ainsi qu'il est prouvé surabondamment par toutes les histoires et tous les nobiliaires de Gascogne. L'usurpation de ces Gaillard de Béarn était donc non moins visible et non moins ridicule que celle des Talleyrand de Périgord; aussi pris-je la liberté de dire un jour devant Louis XV que si M. de Créquy, votre grand-père et mon mari, ne se faisait pas appeler le Comte d'Artois, de Hainaut, de Boulonnais et de Ponthieu, c'était uniquement par égard pour la couronne de France et par bon procédé pour la souveraineté du Roi. Nous en étions, ce me semble, à mon voyage de Versailles avec Mme d'Egmont pour y fêter la Saint-Louis.

Il me parut que Mme d'Egmont n'avait aucune envie d'entrer en explication avec moi, car elle me fit prier, à sept heures du matin, de venir la prendre en berline, afin de pouvoir emmener une de nos femmes, avec tout ce qui fait l'attirail d'une toilette au petit pied de campagne, c'est-à-dire un peignoir, une boîte à poudre, un miroir et un pot de rouge. Ma belle et brillante compagne avait passé toute la nuit sans pouvoir dormir, elle était souffrante, elle était courbattue, mais je trouvai qu'il n'y paraissait en aucune façon... Nous allâmes faire notre cour ensemble ; nous fûmes déjeuner, goûter et collationner chez Mmes de Tarente et d'Albret, car il ne fut pas question de dîner ce jour-là pour les commensaux de Versailles, et ceci, du moins, les dispensa de se mettre à genoux pour y boire à la santé du Roi, ce qu'on faisait encore à la table du Grand-Maître et à celle du grand-commun; enfin nous allâmes prendre possession de nos tabourets au grand-couvert, où l'affluence était si grande que Mme de Coigny ne put jamais trouver une place pour y faire établir son bienheureux tabouret, ce qui nous divertissait agréablement, et ce qui nous trouva sans miséricorde pour une pareille hors-venue. Ladite Mme de Coigny, qui s'appelait mademoiselle de Navet, venait de recevoir son brevet pour les honneurs du Louvre, et c'était la première fois qu'elle se présentait pour s'asseoir devant la Reine. Elle était veuve de M. de Coigny, dont le père avait été créé Duc nompair en 1747, et n'avait jamais pu faire les preuves de noblesse exigées pour recevoir le cordon bleu, d'où vint qu'il avait obtenu pour les produire un délai de cent ans, par ordre du roi. Jugez s'il aurait pu fournir les preuves de sa noblesse en 1399, époque antérieure à celle des premiers anoblissemens, lesquelles preuves étaient cependant exigibles pour la présentation de sa belle-fille, qui n'avait seulement pas droit aux *honneurs de Versailles*, c'est-à-dire à la présentation pure et simple, et à laquelle on attribuait effrontément les *honneurs du Louvre!* Il en est ainsi du titre et des prérogatives ducales accordés à MM. de Crillon (1). Voilà comme on a fait des recrues pour nous assister et nous encadrer sur les bancs de la haute noblesse. Comment voulez-vous qu'une monarchie

---

(1) Leur nom de famille est Berton, et leur prétention consiste à être sortis de la famille Balbi, ce qu'ils n'ont jamais pu faire accroire à personne dans leur pays Venaissin. Le fameux Crillon n'était qu'un soldat de fortune. On a toujours

puisse aller sans malencontre avec un pareil **mépris** de ses lois organiques et des droits acquis par **tant** de services, après tant de siècles? avec tous ces actes d'une injustice impertinente? avec un pareil désordre au premier rang? Quand je pense que tout ce que nous voyons aujourd'hui deviendra de l'histoire, je suis en révolte contre mes contemporains. Mais quand je pense que le mauvais temps d'aujourd'hui sera peut-être nommé le bon temps par ceux qui viendront après nous, je suis prête à revenir sur mes emportemens. Soyez donc tolérant pour votre grand'mère, mon cher Prince; soyez indulgent pour elle à raison de ses vieilles idées aristocratiques et des habitudes de son temps, qui ne ressemblera guère au vôtre, à ce qu'il me paraît. Quant à savoir lequel valait le mieux de votre temps ou du mien, ce sera vos petits-enfans qui en décideront.

On apprit en sortant du grand-couvert que la Maréchale d'Estrées et la Comtesse de Lamarck n'avaient pas pu s'y faire placer, ce qui parut une **chose autrement sérieuse** que la déconvenue de Mme de Coigny. Les huissiers de la chambre avaient eu la sottise de laisser asseoir aux places des *femmes*

---

dit que son grand-père était un marchand de Carpentras, et leur titre de Duc avignonnais est fondé sur un brevet pontifical. Si on les a laissés s'élever sans crier, c'est qu'on les regardait de si haut et qu'on les voyait de si loin, qu'on n'y prenait pas garde.

On voit dans leur généalogie, qu'ils ont publiée très sottement, car on ne leur en demandait point, que toutes leurs alliances sont à l'unisson de leur origine. On n'y voit que des demoiselles Fabry de Verjus, des Brunaud de la Rabatellerie, des Cardon-Truaine, etc. *(Note de l'Auteur.)*

titrées deux ou trois pétoffes d'ambassadrices, dont les maris n'étaient seulement pas accrédités par des têtes couronnées, celle de Gênes et celle de Hollande, par exemple. Aussi tous les huissiers de la chambre en furent chassés, de cette affaire-là, et toute la cour alla se faire écrire aux portes de Mmes de Lamarck et d'Estrées, en témoignage de sympathie pour un accident si funeste ! — Je vais encore ouvrir une parenthèse. (Vous aurez sûrement appris déjà que les personnes à qui nous accordons la qualification de *femmes titrées* ne sont que les Duchesses ou les Grandes d'Espagne, les femmes de Maréchaux de France, et les autres femmes qualifiées, n'importe de quel titre, dont les maris sont en possession des honneurs du Louvre *héréditaires*, avec le titre de COUSIN DU ROI. Il est bon de vous dire que les princes étrangers de maisons régnantes, qui ne sont pas royales, ne sauraient obtenir aucun privilége de rang à la cour de France : n'oubliez jamais de vous en prévaloir et vous en réclamer à l'occasion. Vous pourriez dire que j'ai vu solliciter par le Prince de Salm et de Kirbourg, à défaut d'un brevet de Duc français, qu'il ne put obtenir des Rois Louis XV et Louis XVI, que je l'ai vu solliciter un diplôme de Grand d'Espagne, à l'effet d'en obtenir le même rang que le nôtre à la cour de Versailles, afin de ne pas s'y trouver étouffé et comme étiolé dans la foule, avec les simples gentilshommes présentés. La sœur aînée de M. de Salm avait épousé le Duc de la Trémoille, et la seconde un prince de Croüy qui jouissait héréditairement des prérogatives ducales, mais la plus jeune avait épousé le Prince régnant de Hohenzollern-Sigmaringen, qui est un agnat de la famille électorale de Brandebourg, laquelle est parvenue à cet échafaudage de nouvelle et mauvaise fabrique, appelé trône de Prusse, et Mme de Hohenzollern ne pouvait aller à Versailles sous peine de s'y tenir à la même place que la Vicomtesse de Rouffignac et la Baronne de Kergriffec, dont les maris avaient fait les preuves de 1399 (1).

Cet arrangement, qui paraissait singulier, avait un grand air de dignité nationale, et, ne fût-ce que cela, c'est toujours autant. Il est, du reste, assez raisonnable et naturel que la haute noblesse française ait eu participation dans cette exclusive et superbe prééminence des Rois-très-chrétiens et des Princes de leur sang sur toutes les autres familles royales. Immédiatement après les Seize Familles de Venise, appelées vulgairement *les douze apôtres et les quatre évangélistes*, et non loin de ces trois grandes maisons romaines des Colonna de Palestrine, des Ursins et des Publicola de Sainte-Croix, il n'existe rien qu'on puisse mettre en parallèle avec les quatorze ou quinze premières familles de notre pays. Il y en avait trente-deux sur la même ligne, autrefois ; mais il en est moitié dont il ne subsiste plus rien que dans les pages de l'histoire. Le docte et consciencieux Baron

---

(1) La Princesse de Hohenzollern, dont parle Mme de Créquy, est encore vivante, et son frère, le Prince Frédéric de Salm, auquel appartenait l'hôtel de la Légion-d'Honneur, a péri sur l'échafaud révolutionnaire en 1793. Cette Princesse de Hohenzollern est née en 1760. Elle a marié son fils, en 1808, avec Mlle Antoinette Bonafous, nièce de Joachim Murat.

(*Note de l'Éditeur.*)

de Leibnitz a dit à mon père qu'il n'y avait pas dans tout le Sacro-Saint Empire d'Allemagne une seule famille qui pût remonter au-delà du treizième siècle par documens authentiques ; et tout ce qu'il y a de plus assuré sur la noblesse et la généalogie de la maison de Wurtemberg, par exemple, c'est qu'elle ne pourrait faire les preuves qui sont fournies par les gentishommes de nos provinces afin d'être présentés à Versailles.

C'est dans les pays les premiers civilisés qu'on doit nécessairement trouver les familles les plus anciennes. Il n'y a point de noblesse sans priviléges héréditaires ; point de priviléges et d'hérédité possibles sans cartulaires ; point de cartulaires sans titres écrits, et point de titres écrits quand personne ne sait ce que c'est que l'écriture. L'usage de l'écriture et son emploi généalogique ou diplomatique ne sont arrivés en Germanie qu'à la suite du christianisme, et par les Gaules qui l'avaient reçu de l'Italie. Les souverains allemands ne devraient pas oublier que le principal d'entre eux, le premier électeur de l'Empire, c'est-à-dire le duc ou roi de Bohême, était encore un idolâtre, un misérable sauvage, à la fin du onzième siècle ; et certes, ils ne pourront pas nous contester que ces princes lorrains, qui portent aujourd'hui la couronne impériale, ont été les vassaux de nos rois jusqu'en 1748. En l'année 1729 ou 50, autant qu'il m'en souvient, j'ai vu à Versailles, et de mes deux yeux vu, l'Empereur François de Lorraine, aujourd'hui régnant, prêter foi et hommage pour son duché de Bar, à genoux, à deux genoux, devant le trône de France ! J'ai vu M. le Comte de

Clermont, prince du sang royal, mais simple cadet de la branche de Condé, prendre sans contestation le pas et la droite sur le duc de Bavière, électeur souverain de l'Empire et l'aîné de cette famille impériale. Enfin j'ai vu les trois princes royaux de Saxe et de Pologne dîner et souper à Versailles à la table du premier maître de l'hôtel, parce que le cérémonial français ne leur accordait pas l'honneur de pouvoir manger ostensiblement, non pas avec le Roi, ce qui va sans dire, mais avec Madame la Dauphine, qui était leur propre sœur. Il est vrai que nous avons MM. de Crillon et de Coigny parmi nos ducs; mais, du moins, les auteurs de ces deux familles étaient de vaillans guerriers et d'illustres capitaines! Les princes de l'Empire en pourraient-ils dire autant de leur prince Fugger, qui n'est que le petit-fils d'un riche banquier (1)?

---

(1) Plusieurs écrivains du seizième siècle ont rapporté que le banquier Chigi, auteur de cette maison romaine, avait fait servir un jour à Léon X une collation dans laquelle il se trouvait un plat de cervelles de paon et un plat de langues de perroquet. A la même époque, le banquier Fugger brûla, sur un fagot de cannelle qu'il avait fait allumer dans une chambre où il donnait à coucher à l'Empereur Maximilien, pour deux cent mille florins d'obligations souscrites par Sa Majesté Césarienne au profit des frères Fugger et compagnie. A présent les Chigi sont Princes romains, et les Fugger sont Princes de l'Empire. Qu'on nous dise, à nous autres Français, ce que sont devenus les descendans des Zamet et des Particelli, des Goullut, des Pâris et des Beaujon. La France est un pays où l'argent n'a jamais pu suppléer à la noblesse; aussi je ne sache pas qu'il existe en France une seule famille qualifiée qui soit provenue du comptoir. La sacristie, la caserne et les audiences

On nous répète à tout propos que la haute noblesse germanique ne se mésallie point, et j'en conviens sans difficulté ; mais a-t-elle sacrifié son patrimoine pour l'honneur de la couronne impériale et pour le bien de l'état? A-t-elle fait la guerre à ses dépens, avec un éclat magnifique et sans interruption pendant plus de huit siècles? Voilà notre affaire. La question que je fais ici réplique à tous les reproches ; c'est la meilleure réponse à toutes ces rabâcheries d'Allemagne au sujet de nos mésalliances avec des financiers, qui du reste ont toujours été d'aussi bonne maison que les Fugger de Babenhausen, et qu'on a toujours eu soin de faire anoblir avant de contracter une alliance avec eux, et de les admettre à signer au même contrat.

J'aurais bien autre chose à vous dire au sujet de cette maison de Prusse, qui n'avait originairement que la petite seigneurie de Zolern, et qui n'était parvenue jusqu'à son marquisat de Brandebourg et son duché de Prusse qu'en prêtant sur gages, et par une succession continuelle de fourberies et de filou-

---

du royaume, voilà jusqu'à présent, et Dieu merci ! les seules pépinières d'où soient sortis nos parvenus.

On assure que l'Empereur Joseph vient d'accorder un diplôme de Baron du Saint-Empire à un banquier juif, et l'on n'osera pas nous dire que le sceau royal de France ait jamais été profané pas son application sur une pancarte de la même nature.

(Note de l'Auteur.)

Il est vrai que les premiers princes chrétiens qui se soient avisés de conférer des titres nobiliaires à des juifs ont été les empereurs d'Autriche, et c'est une concession qui paraît d'autant plus scandaleuse qu'elle est toujours entachée de vénalité.

(Note de l'Éditeur.)

teries les plus notoires. On pourrait dire que ces méchans puinés des seigneurs de Hohenzollern on été les juifs du Saint-Empire. Je pourrais vous dire encore une chose qu'on voudrait dissimuler au sujet de ces petits comtes de Hapsbourg, qui sont devenus archiducs d'Autriche, et dont la postérité va s'éteindre avec la bonne et respectable Marie-Thérèse ; c'est à savoir que, dans toutes les anciennes chartes du royaume transjurain, ils ne se trouvent jamais nommés ou mentionnés qu'après les évêques de Bâle et de Lausanne, à la suite des comtes de Fribourg et des comtes de Gruyères, leurs voisins. Mais il y a long-temps que ma parenthèse est ouverte, et j'aurais envie de la fermer pour en revenir à Mme d'Egmont. Qu'en pensez-vous?)

Le public de Versailles entrait par une porte et sortait par une autre, en décrivant dans sa marche rapide un quart de cercle autour du grand-couvert. Nous étions assises à la porte du Roi, auprès de la porte d'entrée, et Mme d'Egmont se trouvait à mes côtés, la dernière au premier rang, c'est-à-dire au plus près du public.

J'avais entendu comme une sorte de rumeur confuse et contenue, discrète, étouffée par le respect, et je vis l'Exempt des gardes-du-corps parler avec un militaire qui tenait ses regards attachés sur Mme d'Egmont. C'était un jeune homme admirablement beau, mais beau d'une étrange manière. Il nous regardait avec un air dominateur, comme s'il avait été le Roi de la création, comme si les merveilles de ce palais et les pompes de cette cour n'eussent été de rien pour lui. Son habit était celui d'un simple soldat ; mais sa physionomie spirituelle et passionnée, sa tournure élégante et sa coiffure à la Létorières, auraient pleinement satisfait l'amour-propre ou la fatuité du grand seigneur le plus vaniteux. Vous vous doutez bien quel était ce jeune homme ; mais comme je ne pensais pas continuellement à M. de Guys, et que je ne rêvai jamais de M. de Gisors, je ne fus pas frappée de leur ressemblance au premier aspect.

Je jetai les yeux sur Mme d'Egmont, à qui je ne pouvais rien dire à l'oreille, à cause de nos paniers et de la ruelle d'étiquette entre nos tabourets..... la pauvre femme était dans un trouble visible ; elle avait les yeux fixes, elle tenait son visage à moitié caché par un éventail (au mépris de l'étiquette de Versailles, car alors on ne prenait jamais la liberté d'ouvrir son éventail en présence de la Reine, à moins que ce ne fût pour en user en guise de *soucoupe* et pour présenter quelque chose à S. M.). En attendant, le beau jeune homme en habit de soldat était immobile, en arrêt, en contemplation sévère et non pas seulement en admiration pure et simple devant la belle dame aux hyacinthes. Sans autrement s'embarrasser de la présence du Roi, et sans prendre garde à M. l'Exempt qui lui commandait de passer outre et de ne pas s'opiniâtrer à barrer l'entrée de la salle où son temps d'arrêt interrompait la marche du public et le service de MM. les gardes-du-corps, il était préoccupé de je ne sais quelle idée contrariante, il n'écoutait pas et n'entendait rien. On fut obligé de l'arracher de la salle, et Mme d'Egmont ne put s'empêcher de faire entendre un gémissement dont je fus désespérée.

Le Roi, qui savait toujours par la police de Paris toutes les aventures et les allures de tout le monde, ce dont il gardait un secret impénétrable et glacé comme le marbre d'un sépulcre, le Roi suivit ici l'inspiration de son noble cœur et du sang généreux qui l'animait. Il fit approcher l'Exempt de ses gardes. — Monsieur de Jouffroy, lui dit-il, assez haut pour être entendu par nous, en tournant la tête et en dirigeant sa voix de notre côté, mais sans porter les yeux sur Mme d'Egmont, — c'est l'appareil qui l'aura surpris et troublé ; — c'est peut-être la vue de la Reine, ajouta-t-il en s'inclinant devant elle et lui faisant un adorable sourire. — Qu'il aille en paix, ce jeune homme ; allez commander qu'on le laisse tranquille. — Je ne vous en remercie pas moins de votre exactitude.....

Mme d'Egmont respira doucement et profondément, comme une personne allégée d'un poids accablant et d'un supplice affreux. Elle reprit un peu de contenance et de physionomie ; mais il s'était établi des chuchoteries dont on voyait qu'elle était l'objet, et le Maréchal de Richelieu la regarda deux ou trois fois d'un air dépité.

Que la fin du banquet me parut longue et que j'avais grand'pitié de sa fille ! quelle situation pour elle, et quel embarras pour s'en expliquer avec une femme de mon caractère ! avec moi, dont elle appréhendait toujours le blâme et dont elle redoutait la sévérité !.... Elle aurait eu grand tort pour ce jour-là, et ce fut au point que l'amitié que je lui portais me rendit souple et câline à cet excès que j'en allai faire une foule de complimens affectueux et de politesses prévenantes aux ennemis des Richelieu, ainsi qu'à toutes les dames qui passaient pour ne pas aimer Mme d'Egmont. J'espérais que ces coquetteries-là tourneraient à son profit. Pauvre Septimanie!...

Dans les âmes religieuses et sensibles, le fruit de l'expérience est l'indulgence. Si la foi fait les dévots et si le zèle fait les martyrs, c'est la sensibilité qui fait les saints.

En montant dans nos chaises au pied de l'escalier et sous le vestibule de Mesdames de France, au moment où mes porteurs allaient soulever la mienne, qui devait passer la première, j'entendis derrière ma chaise une voix sonore et vibrante qui disait avec un accent d'alarme et d'enivrement : — C'est vous! — c'est bien vous!... Je ne vis personne et je n'entendis pas la réponse de Septimanie, qui ne fit que pleurer sans me rien dire en nous en revenant à Paris. Heureusement que celle de mes femmes que j'avais amenée s'était endormie d'avance en nous attendant dans la berline, et qu'elle ne s'aperçut de rien.

J'allais aller à l'hôtel de Richelieu le lendemain matin, pour y voir Mme d'Egmont, quand on vint m'annoncer M. son père. Il avait sans doute imaginé que mon attachement pour sa fille et ma surprise lui aplaniraient la voie des explications, et que j'allais ouvrir la tranchée devant lui ; mais le Maréchal de Richelieu n'était pas un homme avec qui je voulusse parler ouvertement sur pareilles matières

Les gens dissolus se trompent toujours à la compassion pour les peines du cœur, qu'ils suspectent de complaisance. Ils n'entendent rien à la bienveillance gratuite, à cette indulgence vertueuse et charitable à qui les théologiens ont donné le doux nom de mansuétude. Ils ne peuvent jamais s'expliquer un sentiment qui soit intermédiaire entre l'austérité rigoureuse et l'approbation coupable. La sévérité des honnêtes femmes et la connivence de celles qui ne le sont pas, voilà tout ce qu'ils attendent et tout ce qu'ils savent de nous.

Je lui parlai continuellement de notre ennuyeux procès contre les Lejeune de la Furjonnière, et je le fis désemparer au bout d'une demi-heure, ainsi que je l'avais calculé d'avance, à quelques minutes de plus ou de moins. Ce fut un malheur avec un mauvais calcul de ma part, car il supposa que j'avais abandonné sa fille à l'irritation de Mmes de Grammont, de Forcalquier, d'Esparbès, etc., qui disaient des indignités sur elle, en oubliant toutes les politesses que je leur avais faites après le grand couvert. On osait dire insolemment et très-injustement, je n'en doute pas, que Mme la Comtesse d'Egmont avait eu des entrevues fréquentes avec un beau soldat qui la prenait pour une petite bourgeoise ; qu'ils se donnaient des rendez-vous à la barrière Saint-Jacques, etc....

Toujours est-il que ce fut Septimanie qui vint réclamer mon assistance auprès de son père, en faveur du jeune Séverin, que le Maréchal de Bellisle avait eu l'inhumanité de faire chasser des gardes-françaises, et qu'il voulait faire embarquer pour le

Sénégal, où les Européens ne sauraient vivre plus d'un an.

— *Arrivez donc, Marquise*, me dit le malicieux personnage, en ricanant de me voir empêtrée dans cette méchante affaire, et en triomphant de me voir venir à lui, *arrivez donc pour me donner des nouvelles de M. Lejeune de la Furjonnière, qui voudrait s'armer d'un Créquier de gueules en champ d'or!*

— Monsieur de Richelieu, lui répondis-je, je suis une de ces bonnes femmes à préjugés qui respectent leurs maris et le nom qu'elles portent ; je n'entends pas raillerie sur des armoiries du onzième siècle ; ayez la prudence de ne pas jouer avec des armes d'aussi bonne trempe et si bien chargées...

— *La détente en est facile, et dans tous les cas, la vôtre n'est pas rouillée, Marquise, à ce qu'il me paraît!*

— Ayez la bonté, mon cher Monsieur, de ne pas faire le joli-cœur avec la Marquise de Créquy (votre très-humble servante)! Vous trouveriez à qui parler, et je vous en préviens!

— *Mais bonnement*, reprit-il avec un faux air de distraction, *comment voudrait-on que je prisse fait et cause et que j'eusse l'air de m'escrimer en faisant blanc de mon épée pour ce beau garçon? On dirait, j'espère, que c'est pour faire plaisir à ma fille; mais je ne veux pas traiter mon gendre comme un bœuf de son pays, en lui mettant des clochettes au bout des cornes.*

— Mettez-y du foin, comme on fait pour les buffles, lui dis-je alors, et soyez bien assuré que si vous n'abandonnez pas Septimanie à la méchanceté de mesdames telles et telles, son mari va la défendre et la soutenir envers et contre tous. Si nous abandonnons ce pauvre M. de Guys à la haine de son père, votre malheureuse fille en perdra la tête avant d'en mourir de chagrin. Vous la compromettrez abord avec le monde, et puis avec son mari ; qu'y gagnerez-vous ? Ils ne se reverront jamais, j'espère, et m'a-t-elle assuré, du moins...

Le Maréchal me dit alors : — *Je vous proteste que j'en ai grand'pitié ! Je l'ai fait venir ici, votre jeune homme, et j'ai trouvé que c'était bien le plus doux, le plus hardi, le plus aimable et le plus joli garçon de la terre. — Mais si je lui donnais, dites donc, quelque papier, comme qui dirait une sauve-garde de la Connétablie, par un brevet de moi pour être lieutenant des Maréchaux de France ou bien secrétaire à notre tribunal du Point-d'Honneur ? Qu'est-ce qu'il en aurait à dire, M. de Bellisle, qui n'y pourrait que faire ? Car, au fait et prendre, c'est moi qui suis Doyen des Maréchaux ; c'est moi qui tiens la place de Connétable, et M. de Bellisle n'y verrait que du feu..... du feu...... C'est une chose dont il avait furieusement peur en son jeune temps, soit dit sans mauvaise volonté contre lui !*

Comme j'étais bien au fait de la haine infernale et de la diabolique animosité dont ces deux vieux courtisans étaient dévorés l'un pour l'autre, je vis que le Maréchal de Richelieu prendrait plaisir à contrecarrer le Maréchal de Bellisle, en protégeant celui qu'il appelait mon jeune homme et à qui je n'avais parlé de ma vie. J'aperçus alors que le Maréchal de Richelieu avait été bien aise d'en recevoir une sollicitation de ma part, afin de pouvoir s'appuyer sur l'approbation d'une personne considérable, et qu'on n'accuserait pas d'agir étourdiment. J'acceptai sa proposition de sauve-garde, et puis je consentis à le voir chez moi, cet aimable, intéressant et malheureux Séverin. Je regrettai d'abord de ne l'avoir pas connu plus tôt ; mais, depuis, j'ai souvent et douloureusement regretté de l'avoir jamais connu! M. de Créquy l'aimait comme son fils, et les Breteuil avaient fini par l'idolâtrer. Hélas! quelque temps après que son brevet de la Connétablie fut expédié, on apprit qu'il avait disparu de la maison qu'il habitait rue Saint-Jacques, pendant la nuit, et sans qu'on ait pu jamais découvrir par quel accident, par quels moyens, sans qu'on ait jamais pu savoir à quoi l'attribuer, à qui s'en prendre....

Ma pauvre Septimanie en a reçu le coup de la mort. Elle a langui pendant quelques années, et tant qu'un reste d'espérance a pu la soutenir. Enfin, je l'ai vu se consumer dans une fièvre lente, et le flambeau de sa vie si brillante et si fortunée s'est éteint dans les larmes.

Je n'oublierai jamais l'ardeur et la simplicité de ce double attachement, de cette prodigieuse affection, de ces deux amours bizarres, inexplicables, inouïs, qu'elle avait trouvé moyen de répartir, avec exactitude et comme en équilibre, entre deux objets si différens et si peu dissemblables ; entre un mort et un vivant ; entre le renommé, l'éclatant Comte de Gisors, et un malheureux enfant abandonné, un pauvre jeune homme obscur. Je n'oublierai jamais ses derniers momens, où le souvenir de ces deux aimables frères était confondu dans un même sentiment de fidélité si naïve et si tendre.

CHAPITRE II.

Un abbé janséniste. — Recette pour étuver les choux rouges. — Chanson de Voltaire. — La Présidente Talon. — Le Chevalier Talon. — Sa petite femme et leurs descendans. — Le Diacre Páris. — La vie qu'il menait. — S   disciples. — La Baronne de Montmorency, née de Charette. — Anecdote sur M. de Talleyrand en 1795. — Le chevalier de Folard. — M. Carré de Montgeron. — Le Vicomte de Nesmond, l'Abbé Taboureau, la famille Blanchard, etc. — Mort du Diacre Páris. — Pèlerinages à son tombeau. — Le Cimetière de Saint-Médard. — Les convulsions. — Fermeture du Cimetière. — Enlèvement nocturne du cercueil. — Révélation d'un ministre. — Louis Racine. — Son poëme de la Grâce et sa gouvernante crucifiée. — Manœuvre du Duc de Richelieu pour voir opérer les convulsionnaires.

Un dimanche de la Septuagésime, à l'heure de vêpres, j'étais à la porte de Saint-Sulpice, où j'attendais un des suisses de l'église que mes valets étaient allés chercher pour me faire ouvrir ma chapelle et m'y conduire à travers la foule. Je vois arriver à ma portière un jeune abbé très pâle et très-maigre, avec des cheveux longs et plats. Il avait les mains tellement sales et il était si déguenillé que je l'aurais pris pour un mendiant. Il tenait un papier qu'il me présenta de la part de Madame la Duchesse d'Orléans, la défunte, et me disant que c'était une obligation de conscience qu'il avait à remplir. — MADAME est morte ADMIRABLEMENT, poursuivit-il en grimaçant l'édification béate, en baissant ses yeux en terre et formant sa bouche en ogive. — Il m'a paru que MADAME avait pris engagement de vous procurer cette présente chose que je lui ai promis de remettre à vous, en main propre, à celle fin de lui tranquilliser la conscience, lorsqu'elle a senti qu'elle allait passer de cette vie présente en la future, assistée par moi, qui ne vaux rien du tout, sinon par la gratuité du Sauveur.

Je reconnus l'argot des Quesnellistes, et je lui répondis que la *gratuité* ne s'accordait guère avec la *prédestination*.

Cette exécution testamentaire de Madame consistait dans une recette pour accommoder les choux rouges avec du bouillon, deux quartiers de pommes de reinette, un ognon piqué de gérofle et deux verres de vin rouge pour un chou de moyenne grosseur. La défunte avait eu soin de me recommander de faire échauder les choux rouges à l'eau bouillante avant de les hacher pour les faire cuire au bouillon. — *Je vous veux envoyer ceci que je me souvenais vous avoir promis à plusieurs fois*, avait-elle ajouté sur la même feuille, *et c'est en marque de pleine et sincère réconciliation chrétienne*. Le tout écrit de sa plus belle écriture palatine en lacs d'amour, et signé CHARLOTTE DE BAVIÈRE.

Cependant, le suisse attendait que je descendisse de voiture, mes laquais s'étaient mis sous les armes, en portant, qui l'un, qui l'autre, un coussin de priedieu, mon sac aux livres d'église et mes carreaux, lesquels étaient galonnés, brodés et blasonnés, ni plus ni moins superbement qu'il était d'usage et de convenance alors. Voilà mon homme à cheveux plats et gras qui s'en offusque et s'en irrite : il m'exhorte à montrer plus d'humilité chrétienne et se met à me sermonner sur les pompes de Satan, à propos d'un sac de velours avec des glands d'or.

— Femme pécheresse et vaniteuse, ne vous raidissez plus contre le torrent de la grâce, et laissez-moi vous montrer les voies du ciel ! ajouta-t-il en manière d'épilogue.

— Monsieur l'abbé, procédons par ordre de matière, lui répliquai-je, et d'abord, pour qui me prenez-vous ? Dites-moi ceci... Ah ! ah ! j'ai donc la figure et la mine d'une femme de 50 ans ? Je ne m'en serais pas doutée, et voilà ce que je vais commencer par déposer aux pieds de la croix. Je vous répondrai premièrement que je ne suis pas du tout la Vicomtesse de Mouchy, et je vous recommanderai d'apporter une autre fois plus de précaution dans la délivrance des legs dont vous serez chargé (1). Je vous restitue votre papier pour le remettre à Mme de Mouchy qui est très-gourmande, et du reste je n'oublierai jamais la bonne instruction de votre illustre pénitente, car j'aime et j'estime les choux rouges, Monsieur l'Abbé, et vous m'inspirez justement assez de confiance pour vous dire que c'est un ragoût ba-

---

(1) Marguerite-Eugénie de Laval, Vicomtesse de Mouchy et Dame d'Atours de la Duchesse de Berry, fille du Régent. *Voyez ce que l'auteur en a rapporté dans le premier volume.*

(*Note de l'Éditeur.*)

varois dont je voulais me procurer la recette. A présent, Monsieur, sermon pour sermon.

Je vous dirai que dans tous les rangs, pour toutes les places et dans toutes les positions sociales où la Providence divine fait naître les hommes et les femmes, il y a pour elles et pour eux des grâces d'état, mais qu'il y a aussi des devoirs d'état; il y a des obligations de convenance extérieure auxquelles on ne saurait manquer sans porter un notable préjudice à l'édification du prochain. Les téméraires et le vulgaire en général y soupçonneraient de l'hypocrisie qui est un motif de scandale, et surtout de la part d'un ecclésiastique qui doit toujours s'habiller assez régulièrement pour ne pas s'exposer à la dérision des impies en s'attirant l'admiration des imbéciles. (Prenez garde à l'état de votre haut-de-chausses, lui dis-je à demi-voix : si vous ne le faites pas raccommoder, vous nous montrerez bientôt... toute autre chose que les voies du ciel.) Il en fut d'abord interdit, cet Abbé; ensuite, il jeta sur les gens de ma suite et sur ma personne un coup d'œil rempli d'amertume et de souverain mépris.

Il faut vous dire que la Présidente Talon s'était arrêtée pour nous regarder avec un air de surprise; mais il faut commencer par vous dire un mot ou deux sur la Présidente Talon, Françoise de Chauvelin, laquelle était fille du Garde-des-Sceaux, et laquelle était veuve de mon cousin Louis-Denys Talon, Marquis du Bouloy et Président à Mortier au Parlement de Paris. Nous étions parens du quatrième au cinquième degré, parce que la grand'mère de ma mère était Mademoiselle Talon, fille de cet illustre Avocat-

Général Omer Talon, Seigneur de Sèves, qui nous a laissé de curieux mémoires. Cette famille parlementaire était traitée par le Roi Jacques et la Reine Marie de Modène, à leur cour de Saint-Germain, avec une distinction toute particulière, attendu que c'était la première famille de gentilshommes irlandais et catholiques qui se fussent expatriés pour garder la foi de leurs ancêtres, et qui fussent venus se réfugier à l'abri du sceptre français. Le premier de ceux-ci fut un Baronnet d'Irlande qui s'appelait Sir Arthur Talon, lequel était colonel d'un régiment irlandais au service de Charles IX et de Henri III. C'était un géant pour la taille, un lion pour le courage, un taureau pour la force, et, je suppose, un dragon pour la jalousie, car il enfermait quelquefois sa petite Milady Talon, qui n'avait pas plus de trois pieds de haut, dans un coffret qu'il portait sous son bras. Mon oncle le Grand Prieur en avait ouï dire aux vieilles gens et en avait retenu quantité d'histoires. Ce qui me reste à vous dire au sujet de la Présidente en question, c'est qu'elle était une aimable et spirituelle personne, intime amie des Breteuil.

— Mais, mon Dieu ! me dit-elle, est-il possible et comment se fait-il que je vous trouve en colloque avec mon fanatique de neveu ? — Comment ! c'est l'Abbé de Pâris, le Diacre, le fameux Diacre Pâris !

— Eh ! vraiment oui, dit-elle ; — avec ses quatre-vingt mille livres de rente et sa charge de Conseiller de grand'chambre, vous savez la vie qu'il mène et vous voyez sa belle dégaine ! Il y a deux ou trois ans que je ne l'avais aperçu.

— Prends garde à ton pied en entrant dans la

maison du Seigneur! s'écria-t-il en regardant sa tante avec un air comminatoire et pharisaïque. Ensuite il se prit à dire à un laquais qui portait le sac d'église de la Présidente et la queue de sa robe :
— Ne frémis-tu point de ce que tu vas faire en présence du Dieu jaloux? — et crac, il abat d'un coup, au tranchant de son avant-bras, la queue de cette belle robe qui s'échappe des mains du laquais et tombe dans la poussière sur les marches du péristyle. — Mais le vilain fou, dit-elle, ne veut-il pas que je me salisse et que je laisse traîner mes robes, afin d'être aussi malpropre que lui?

— Allez, Monsieur, allez! s'écriaient les deux laquais et le cocher de Mme Talon (qui en étaient rouges de colère), si ce n'était à cause de l'excommunication parce que vous êtes peut-être dans les ordres, nous vous casserions joliment les os pour avoir osé porter la main sur la robe de Madame la Présidente, que toute sa famille condamne à mort et que son mari en a fait pendre qui valaient cent fois mieux que vous, peut-être plus de deux mille!

Voltaire en avait fait une sorte de complainte que je ferai mettre dans mes pièces justificatives. Elle est amusante (1).

On eut connaissance à la même époque d'une singulière requête des moines de Morimont, autres jansénistes, qui sollicitaient du Roi la faveur de sa

---

(1) *Voyez* Prédication janséniste de M. l'Abbé de Paris, Conseiller du Roi en sa cour des Pairs et de Parlement, relativement à la manière de fricasser les choux rouges. *Suivie* d'un sermon moliniste de Mme la Marquise de Créquy sur le déplorable et scandaleux état de la culotte du saint Diacre.

protection pour obtenir de Rome un indult qui leur permît de s'habiller comme des prêtres séculiers, et qui les dispensât de l'obligation du jeûne conventuel et de l'abstinence des alimens gras pour les jours licites. Ils proposaient, en échange, de se charger de l'éducation de douze gentilshommes qu'ils s'obligeraient à faire élever convenablement. Il est à savoir que le Prieur claustral de l'abbaye de Morimont était alors Dom Louis de Paris, oncle du fameux Diacre.

Le Roi n'avait pas manqué de faire mettre le placet à néant, mais je me chargeai de répondre à ces moines en publiant la requête suivante à N. S. P. le Pape.

« SUPPLIENT HUMBLEMENT,

« Les mousquetaires noirs et gris de la garde du
« Roi, à l'effet d'obtenir par le crédit de Votre
« Sainteté qu'ils puissent être dispensés de porter
« l'uniforme et la soubreveste, afin de pouvoir se
« présenter d'ores en avant aux bals d'Opéra, dans
« les coulisses ou les guinguettes, aux foyers des
« théâtres de Paris et autres lieux, en habit qui ne
« les puisse faire reconnaître pour serviteurs du
« Roi Très-Chrétien. En reconnaissance de ce bien-
« fait, les soussignés s'engagent à faire maigre les
« vendredis de chaque semaine, à condition qu'on
« leur octroyera les étangs et les viviers des Pères
« Bernardins. Ils proposent, en outre, à S. M. d'é-
« lever gratis douze jeunes demoiselles bien nées. »

Le Roi, la Reine et M. le Cardinal de Fleury s'en divertirent ; il n'y eut pas jusqu'à M. le Chancelier qui n'en déridât son front soucieux, et celui-ci fit dire à l'Abbé-Général de l'ordre de Citeaux que s'il entendait jamais reparler de cette requête, ce serait à moi qu'il adresserait et renverrait les révérends pères de Morimont. Ce relâchement pour l'observation des règles monastiques, avec la manie des sécularisations, était encore un des produits et des bienfaits de la Régence.

L'Abbé de Pâris mourut à 35 ou 36 ans, dans un grenier du faubourg Saint-Jacques, et d'inanition, de froid, de misère! On l'inhuma dans le petit cimetière de la paroisse de Saint-Médard au même quartier Saint-Jacques, et l'on fut assez long-temps sans entendre parler de son tombeau. Voici quels étaient ses principaux disciples en Jansénius.

Au premier rang, et de toute manière, on y voyait figurer la Baronne de Montmorency (je vous ai déjà parlé d'elle à propos de sa nièce, Mlle de Charette, dont elle aurait voulu forcer la vocation religieuse, et qu'elle a déshéritée totalement). Elle allait *ouvrer chez le saint Diacre*, comme ils disaient, c'est-à-dire ajuster des brides sur des sabots, et travailler à faire de si vilaines chemises en toile si grossière que les plus pauvres gens ne s'en voulaient pas servir crainte de s'écorcher le dos. Il en était ainsi, pour leur gosier, de la soupe aux pois chiches qui se fabriquait chez le saint Diacre, où tous ses disciples allaient écumer la marmite à tour de rôle. Si les mendians n'en mangeaient pas, c'est qu'ils n'en voulaient point. Il n'y avait jamais que des aveugles qui s'arrêtassent à la porte de l'Abbé de Pâris et c'était sûrement parce que leurs *conduc-*

teurs y mettaient de l'obstination. Ceci faisait dire à M. l'Archevêque que la doctrine des Jansénistes était fort exclusive en ce que leur charité n'aboutissai qu'à nourrir les chiens des aveugles. M*me* de Montmorency n'a pas manqué de tester et d'établir fidéicommis sur fidéi-commis en faveur de la Boîte-à-Perrette ; elle a légué toute sa fortune aux *Appellans* contre la bulle *Unigenitus*, qui s'en sont fait le partage ; l'Archevêque schismatique d'Utrecht et sa petite église en ont recueilli trente-deux mille livres de rente, et l'Abbé Grégoire en touchait mille écus de pension quand il était à l'assemblée constituante. On n'a supprimé cette *allocation* que lorsqu'il a été désigné pour évêque constitutionnel de *Loir-et-Cher* (1).

Cette folle Baronne était l'unique héritière de la branche aînée des Charette, qui n'avait pas moins de quarante mille écus de rente en belles terres nobles. Il en résulta que MM. de Charette de Bois-Foucault,

(1) M. de Talleyrand fit écrire, à titre de confrère, à l'Archevêque janséniste d'Utrecht, M. Van Loon, pour se réclamer des services qu'il avait rendus à la *bonne cause* en faisant opérer l'organisation de l'église constitutionnelle de France. M. de Talleyrand ne possédait plus alors que *sept cent cinquante livres*, qui ne pouvaient, disait-on, suffire à son passage d'Amérique ; il ne pouvait plus compter sur *l'obligeance de personne ;* on savait qu'il devait exister, à la disposition de l'Archevêque d'Utrecht, des fonds applicables aux ecclésiastiques *opposans*, et provenant de la succession d'une dame française à laquelle M. de Talleyrand prétendait avoir l'honneur d'appartenir (ce qui n'était pas du tout la vérité). Ce que je vous puis donner pour certain, c'est qu'il en a reçu quinze cents florins à titre de secours en l'année 1795. (*Note de l'Auteur.*)

de Monthébert et de la Contrie, qui devaient naturellement hériter d'elle, à défaut de Mme de Clisson qu'elle avait exhérédée, ne manquèrent pas d'attaquer et de poursuivre judiciairement le premier légataire apparent de leur cousine ; ce qui de cascade en écluse, et de fidéi-commissaires en prête-noms, finit par aboutir à la dite Boîte-à-Perette, où tous les biens de Mme de Montmorency furent engloutis, faute de preuves, à ce que disaient Messieurs des Enquêtes, et faute de justice à espérer, disaient nos francs-bretons, quand il y avait à juger des appelans du formulaire au Parlement de Paris. Il est certain qu'il y avait tout à risquer quand on plaidait contre un non-conformiste devant la première et la deuxième chambre des Enquêtes ; et si le Grand-Conseil n'avait pas pris le parti d'évoquer à lui l'instruction des miracles de saint Pâris, et de s'attribuer la police du cimetière de Saint-Médard, je suis persuadée que les Jansénistes y feraient encore aujourd'hui leurs sauts périlleux, accompagnés de contorsions, de convulsions, d'épouvantables hoquets, de processions à quatre pattes et autres miracles.

Au troisième degré, dans la hiérarchie du Diacre Pâris et de la Baronne de Montmorency, tout le monde était consterné de voir figurer ce pauvre Chevalier de Folard, à qui la tête avait tourné par le quesnellisme.

Charles de Folard, Mestre-de-Champ, Gouverneur des ville et citadelle de Bourbourg, membre de l'Académie des sciences et de la Société royale de Londres, était né de parens nobles en 1669, au château de Varey dans le comtat Venaissin. Il avait été honoré de la plus sincère amitié par le Maréchal de Créquy, le Maréchal de Villars, le Maréchal de Berwyck, le Roi Charles XII et le Maréchal de Saxe. Les principaux ouvrages qui nous restent de lui sont d'abord un excellent commentaire sur Polybe, en six volumes in-4º, lequel ouvrage est universellement estimé des tacticiens ; ensuite un traité de la défense des places fortes, un ouvrage intitulé Nouvelles découvertes sur le sytème des colonnes, avec un traité de la guerre de Partisan, dont M. de Créquy faisait le plus grand cas ; enfin, une relation des Miracles opérés par l'intercession du Bienheureux Diacre, François-Julien-Marc de Pâris.

Le Chevalier de Folard avait été blessé d'une mousquetade dans les reins, ce qui le faisait boiter ridiculement en se renversant le corps en arrière et en se relevant tout de travers, comme un automate à ressorts détraqués. Les convulsionnaires de Saint-Médard imaginaient apparemment que c'était un effet de la grâce efficace ; car aussitôt qu'ils le voyaient arriver dans leur cimetière ou dans leurs galetas, les cris pharamineux, les bonds, les sauts-de-carpe et les contorsions y centuplaient d'ardeur et d'activité frénétique.

Arrivaient ensuite à la file Dom Gabriel du Pineau, Genovéfain défroqué ; M. Carré de Montgeron, Conseiller aux Enquêtes ; le Vicomte de Nesmond qui était un imbécile ; M. Danger de Sainville qui était en enfance depuis l'âge de raison ; l'Abbé Taboureau qui sortait de Saint-Lazare et qui avait risqué de monter sur le tabouret ; enfin M. Blanchard, Docteur en Sorbonne, avec Mme Blanchard et tous leurs enfans de tous les âges, au nombre de quatorze ou quinze. Les grands allaient au marché pour le saint Diacre et balayaient la rue devant sa porte, et les plus petits soufflaient le feu derrière la marmite, en protestant contre la bulle *Unigenitus* à qui mieux mieux. C'était un petit Blanchard de l'entre-deux qui mouchait toujours la chandelle et qui l'éteignait à chaque fois, de manière à ce qu'il était indispensable d'en faire couler et d'en sacrifier une bonne partie pour rallumer le reste. M. de Nesmond nous disait que c'était une calamité bien rude, une croix bien lourde à porter ! mais que le saint Diacre y mettait une douceur, une générosité surhumaines ! et que surtout le père Blanchard édifiait tout le monde en recevant une humiliation si fréquente avec une résignation miraculeuse (1) !

Les bas côtés de la petite église étaient remplis d'ouvriers pénitens non-conformistes, de vieilles bourgeoises et de petites rentières, de vieux Auditeurs des comptes, et enfin des clercs fanatiques et des paperassiers du Châtelet, pêle-mêle avec des servantes et des Oratoriens. Toutes les cuisinières et les vieilles servantes étaient devenues jansénistes. On n'a jamais pu s'expliquer pourquoi les cuisinières s'étaient passionnées pour les cent-et-une

---

(1) Je vous dirai surabondamment, à propos de ce janséniste Blanchard, que dans une assemblée de Sorbonne on avait mis en délibération d'acheter des serviettes neuves, et que le vieux Docteur se mit à crier : — « Messieurs, valons-nous donc mieux que
« nos devanciers qui se servaient de celles-ci pendant ma jeu-
« nesse, et qui ne s'en plaignaient point ? »

propositions théologiques que le pape Clément XI avait censurées.

Cependant, toutes ces parades nocturnes au cimetière de Saint-Médard avaient quelque chose de si monstrueusement lugubre et de si scandaleux, que le Roi séant en son conseil ordonna d'en murer les portes, ce qui fut exécuté prestement malgré les réclamations, les oppositions, les suppliques et les mémoires à consulter du Conseiller Carré de Montgeron, qui fut exilé dans une de ses terres à quarante lieues de Paris. On sait que les Jansénistes écrivirent sur une de ces portes condamnées :

« De par le Roi, défense à Dieu
« D'opérer miracle en ce lieu. »

Voilà comme ils se vengèrent de la puissance royale en attendant mieux, et du reste on escalada plusieurs fois les murailles du même cimetière afin d'y cueillir des herbes sur le tombeau du bienheureux Pâris. Quand ces végétaux solitaires eurent été moissonnés jusqu'à la racine, on y recueillit de la terre, et tellement que la bière en fut à découvert, ce qui décida le Lieutenant de police à la faire enlever nuitamment, inopinément, et sans que les Quenellistes aient eu la consolation de savoir ce qu'était devenu ce précieux cercueil. (M. de Maurepas m'a confié qu'il avait été déposé dans le beau milieu de la rivière, entre l'île Saint-Louis et l'île Louviers. C'est une révélation que je n'aurais pas faite il y a quarante ans !)

Messieurs de Créquy, de Durfort et de Richelieu avaient comploté d'assister à une séance des convulsionnaires ; mais l'exécution du projet n'était pas facile. Il fallait découvrir d'abord le lieu de l'assemblée, il fallait être prévenu du jour de la réunion, il fallait se procurer, peut-être, une sorte de mot de passe, et, sur toute chose, il fallait empêcher le Vicomte de Nesmond de s'y trouver ce jour-là (M. de Nesmond n'avait pas eu l'esprit de nous cacher la part qu'il y prenait), afin qu'il ne pût reconnaître aucun de ces Messieurs sous leur déguisement. Vous allez voir comment M. de Richelieu manœuvra pour en venir à ses fins.

Louis Racine avait une gouvernante, et c'était une janséniste forcenée qui s'était déjà fait crucifier deux ou trois fois. Ce n'était pourtant pas que M. Racine fût devenu convulsionnaire et Pâricolâtre. Il n'était pas entièrement convaincu des miracles de saint Pâris; il n'éprouvait aucune satisfaction de ce que Mam'selle Bergerat, sa gouvernante, allait se faire donner des coups de bûche sur la poitrine et des coups de maillet sur la tête en l'honneur du Père Quesnel et consorts ; il avait osé désapprouver que Mlle Bergerat se fît enclouer les pieds et les mains à titre de *secours*, ce qui l'avait obligée de rester au lit pendant plus de six mois, au lieu de soigner leur petit ménage. Enfin ce pauvre M. Racine était un homme inconséquent ; il était demeuré comme un *traîneur* en arrière des autres jansénistes; il en était resté sur le bord du gouffre avec la logique et la grammaire de Port-Royal à la main.

C'était le Duc de Durfort qui nous avait donné

tous ces détails sur l'intérieur du ménage et le for intérieur de Louis Racine, car celui-ci ne voyait absolument aucune autre personne que le supérieur de l'Oratoire qui était son directeur, et la vieille Princesse de Bournonville qui était la grand'mère de M. de Durfort. Il nous disait aussi que Louis Racine ne faisait autre chose que de copier, raturer, recopier, revoir et corriger son poëme de la Grâce. — Informez-vous donc, lui dis-je une fois, s'il a fini par se procurer le recueil des fables de M. de La Fontaine ; car on voit dans les lettres de son père que c'est un livre de poésies *qui méritent la peine d'être lues*, et Jean Racine ajoute en écrivant à son fils : — *Priez M. Despréaux de vouloir bien vous les prêter ; je crois me souvenir qu'il en doit avoir un exemplaire.* Il est bon d'ajouter à tout ceci que M. de Richelieu demeurait encore à la Place-Royale, et que M. Racine, avec sa gouvernante, était logé dans une petite maison du cul-de-sac Guémenée, qui donnait sur le jardin de l'ancien hôtel de Richelieu.

CHAPITRE III.

Le Duc de Richelieu séduit une janséniste.—Le conseiller honoraire.—La vénalité des charges. — Révélation d'un enfant janséniste touchant les paroissiennes de Saint-Roch.—Le Vicomte de Nesmond. — Il est mystifié par le Duc de Richelieu.—Son voyage à Fontainebleau par lettre-close. — Le gentilhomme ordinaire et les lettres de cachet. — Récit du Marquis de Créquy sur une séance des convulsionnaires. — Partialité du Parlement de Paris pour les jansénistes. — Arrêts du même Parlement contre les jésuites. — Arrêt du Parlement de Paris contre l'inoculation

Le Duc de Richelieu commença par se déguiser en jeune ouvrier. (Je vous ai parlé du Maréchal de Richelieu dans sa vieillesse et le voilà qui se retrouve dans sa jeunesse, aujourd'hui : ne vous y perdez pas, mon Enfant; c'est vous faire de la chronique à rebours, mais il a fallu reprendre l'histoire des convulsionnaires à son origine.) Représentez-vous donc M. de Richelieu qui s'est habillé comme un apprenti janséniste, et tandis que Louis Racine est à corriger son poëme de la Grâce efficace, le voilà qui s'introduit à pas de loup, le jeune Richelieu, dans la chambre à coucher de la gouvernante, à laquelle il se met à raconter cinquante mille choses édifiantes et passionnées tout à la fois.

— Il avait une jolie fortune, et s'il était vêtu simplement, c'était par modestie. — Il était janséniste à l'excès! à l'égal de saint Cornelius de Jansen, de saint Quesnel, de saint Soanen, de saint Pâris et de saint Cyran lui-même! — Saint saint-Cyran, reprit-elle ; en parlant de notre saint Frère le saint Abbé du Verger d'Hauranne, il faut dire saint saint-Cyran; il est deux fois saint !

Ce mauvais garçon lui dit ensuite qu'il avait eu le bonheur et l'édification d'assister à l'administration des coups de bûche, à la crucification secourable et au reste de la passion de Sœur Françoise (Mlle Bergerat), ce dont il avait éprouvé toute sorte d'admiration pour elle. — Il avait une dévotion toute spéciale pour les reliques du petit Cottu, et particulièrement pour ce bienheureux bossu que les molinistes avaient martyrisé. — Il était vrai, il était obligé de convenir, il avouait humblement, qu'il avait senti quelques mouvemens d'attrait sensuel et de prédilection corporelle pour Sœur Angélique (Mlle du Verger d'Hauranne, qui avait au moins soixante et dix ans). Il avait eu l'idée de la demander en mariage, mais elle avait fait vœu de célibat, et d'ailleurs elle était fort entichée de sa noblesse. — Il avait peut-être un peu trop d'animosité contre les jésuites ? Mais le principal défaut qu'il avait et qu'il avouait, c'était une malheureuse infirmité naturelle, originelle et honteuse, qui consistait dans l'effervescence et l'ardeur d'un sang trop amoureux, d'où venait qu'il devait se marier le plus tôt possible, afin de se prémunir contre les tentations de la chair et les distractions de l'esprit; il avait pensé que Sœur Françoise aurait peut-être assez de charité pour l'épouser, afin de le faire vivre en sûreté de conscience, *et cœtera*, s'il vous plaît, car il ne manqua pas d'appuyer sur d'étranges détails avec cette pauvre janséniste, et le reste de son dire était d'une impertinence et d'une effronterie qui vous confondraient !

La demoiselle Bergerat, qui n'était âgée que de quarante-huit ans, ne manqua pas de mordre à la grappe. Je n'ai pas voulu savoir si le Duc de Richelieu s'était donné pour la décider plus de peine qu'il ne disait ; je crois bien que certaines démonstrations ne lui coûtaient guère, et toujours est-il qu'il en rapporta pour ses deux amis et pour lui toute sorte de renseignemens sur des noms, des adresses et des mots de passe, avec beaucoup plus d'informations détaillées qu'il ne leur en fallait.

Il faut vous dire à présent que le Vicomte de Nesmond était le fils et le frère de deux Présidens à Mortier de ce nom-là, et qu'il avait hérité d'une charge de Conseiller au Parlement de Paris, dont il n'était resté que simple titulaire, à cause de son peu d'entendement. La grand'chambre avait décidé que Messire Joseph de Nesmond ne pouvait siéger sur les fleurs-de-lis, et qu'il eût à se contenter du titre de Conseiller honoraire. La grand'chambre d'une cour souveraine a toujours décidé souverainement sur la composition personnelle et la police intérieure de la compagnie ; il est assez connu qu'on ne saurait exercer aucun office judiciaire, aucun emploi dont on hérite, ou dont on se propose de rembourser la finance (ce qui s'appelle improprement *acheter* une charge), à moins d'en avoir obtenu l'agrément et la permission du Parlement ou du corps de magistrature auquel on voudrait s'agréger. Voilà ce que nos sophistes de l'encyclopédie, les étrangers, les novateurs et les autres ennemis de la France, ont appelé *la vénalité des charges de judicature.*

Messire Joseph de Nesmond s'était donc fait homme d'épée, et par le crédit du Président, son frère, il avait obtenu que S. M. lui donnât, dans un brevet de capitaine au régiment de Créquy, le titre de Vicomte, titre personnel et sans hérédité. — Mais quand j'aurai trouvé à faire un bon mariage, nous disait-il encore à soixante-treize ans, je pense bien que mon frère le Président, qui est déjà Comte et Patron de la Chapelle-en-Gâtinais, aura certainement le crédit de me faire ériger une terre en Vicomté véritable. Le Parlement ne pourrait exiger, suivant l'ordonnance, que trois clochers, dont un bourg avec moyenne et basse justice, et tout ceci n'est pas la rançon d'un Roi. — N'est-ce pas vrai, qu'il ne serait pas sortable et praticable que les hoirs des Présidens de Nesmond restassent sans titre à l'armée? C'est un ancien us et coutume de faire, qui ne subsiste plus quand on n'a pas l'honneur d'être du Parlement, où l'on met toujours sa gloire à ne porter d'autre qualification que celle de sa charge. — Je vous dirai donc que je cherche à me marier dans l'île Saint-Louis avec quelque fille riche et de bonne maison. Toutes les demoiselles de votre quartier de l'Abbaye sont des pauvresses et des mijaurées qui méprisent nos plus grandes familles de robe. Dans tous ces quartiers du rempart, il n'y aurait pour moi que les filles du Président Pinon, qui est Seigneur de la Grange-Batelière, mais elles sont déjà majeures et me semblent trop vieilles. J'ai déjà refusé, nous disait-il, je ne sais combien de femmes de la paroisse Saint-Eustache, et je ne voudrais pas épouser une fille de la paroisse Saint-Roch quand on devrait me piler dans un mortier!....

M. de Créquy le tourmentait pour en savoir la raison. — Ne serait-ce pas qu'elles sont des coquettes, ou des sorcières, ou des voleuses, ou peut-être des molinistes?....

— Oh non! répondait-il charitablement, et plutôt que de vous en voir former trop mauvais jugement, je vous dirai ce que c'est, si vous promettez à moi de n'en parler point. C'est qu'elles ont presque toutes six orteils à chacun de leurs pieds; c'est le petit Cottu qui nous en a fait révélation.

— Il est vrai que ce serait difformité désagréable en hoirie, pour une famille de haute magistrature et de constitution régulière! lui répliqua votre grand-père qui parlait toujours comme il le voulait, et toujours très-naturellement dans toutes les sortes de style.

Notre vieux janséniste était donc officier supérieur de cavalerie, mais il n'avait jamais voulu se défaire de sa charge de Conseiller, qu'il tenait prudemment en réserve en faveur du fils aîné qu'il attendait et qui n'est jamais venu. La seule fonction parlementaire dont il eût droit de s'acquitter, consistait à endosser sa robe rouge, une fois l'année, par-dessus son uniforme, afin d'aller, en compagnie de Nossieurs de la grand'chambre, à la procession du vœu de Louis XIII. Il n'y manquait jamais, et ce qu'il observait avec non moins d'attention, c'était de laisser flotter sa toge ouverte, afin de laisser voir son uniforme et son épée. Vous allez convenir que si je n'étais pas entrée dans tous ces détails de robe et de parlement, la suite de mon récit en aurait pu manquer de clarté.

Nous savions que le Parlement devait être mandé le premier vendredi d'octobre à Fontainebleau, pour y écouter une mercuriale en réplique à des remontrances, et pour entendre la volonté du Roi touchant l'enregistrement d'un édit fiscal. M. de Richelieu avait su que les convulsionnaires devaient se réunir le même jour dans une maison du cloître Saint-Médéric, et M. de Richelieu ne savait trop comment il s'y prendrait pour en écarter le Vicomte. — Je vas le faire enlever, disait-il, et je le ferai garder pendant vingt-quatre heures dans ma petite maison du Roule. Je dirai qu'on l'enferme dans un certain cabinet de la Chine qui n'est éclairé que par un œil-de-bœuf en vitre jaune, avec des magots et des magotines qui remuent la tête et les yeux, qui gigottent en se tirant la langue et qui lui feront des postiqueries surprenantes. Il aura cru voir le diable !

En se promenant sur le Cours-la-Reine, il aperçut, arrivant de Versailles et galopant avec un portefeuille rouge en sautoir, un Ordinaire de la chambre du Roi qui s'appelait Marolles, et dont le père avait été gentilhomme du vieux Duc de Richelieu.

Le Premier Gentilhomme de la chambre lui fait signe de la main ; il s'avance et lui demande ce qu'il a dans son portefeuille.

Le Gentilhomme ordinaire s'arrête et lui répond que ce sont des lettres de cachet pour la convocation du Parlement.

— Si tu veux me donner ton scellé pour le Président de Nesmond qui doit souper chez moi, lui dit M. de Richelieu, cela va t'éviter bien de la fatigue et du tracas ; car il est déménagé depuis qu'il a vendu son bel hôtel de la rue de Vendôme ; on ne saurait encore où le prendre (et cent autres mensonges à l'appui de cette invention).

M. de Richelieu le fait monter dans son carrosse, ils s'en vont à l'écart, on ouvre le portefeuille, et voilà M. de Richelieu qui se met en possession de la lettre de cachet. Il s'était bien attendu que l'adresse en porterait : A MONS DE NESMOND, PRÉSIDENT EN MA COUR DE PARLEMENT, mais il eut soin d'appliquer sur le mot PRÉSIDENT un barbouillage en cire rouge, comme si le cachet d'une autre lettre avait *poissé* sur l'adresse de celle-ci. M. de Richelieu nous dit que la même chose arrivait souvent par suite de la bêtise naturelle et de la négligence habituelle à MM. les Conseillers du Roi, Chauffes-cire en la Chancellerie de France. Il est certain que c'était la corporation la plus stupide du royaume, après celle des Maîtres des comptes, et celle des Tambours-majors, ajoutait le Maréchal de Villars. Imaginez la surprise et la préoccupation du Vicomte de Nesmond, quand il reçut au milieu de la nuit, et DE PAR LE ROI, cette lettre scellée du cachet rouge en sceau-privé sur lacs de soie verte :

« Mons de Nesmond, je vous fais cette lettre pour
« vous ordonner de vous rendre en robe rouge, le ven-
« dredi 15 du présent mois, à mon château de Fontai-
« nebleau, en la salle dite Gallerie des Cerfs, où vous
« attendrez, en silence, mes ordres ultérieurs, à peine
« de désobéissance. La présente n'étant à autre fin, je
« prie Dieu, Mons de Nesmond, qu'il vous ait en sa
« sainte garde. »

Écrit à Fontainebleau, etc.

Signé LOUIS

Et plus bas,

LE DUC DE LA VRILLIÈRE.

Il se fait éveiller à cinq heures, il se fait habiller précipitamment et s'en va d'abord à l'hôtel de Nesmond pour s'y recorder avec son frère; mais tout le Parlement avait déniché dès le point du jour, et le Président de Nesmond, qui n'avait pas tenu compte de la soustraction de sa lettre-close, était déjà sur la route de Fontainebleau avec tous ses collègues en remontrances et ses consorts en mercuriale. Le Vicomte ne pouvait ignorer que les Conseillers *ad honores* n'étaient jamais compris dans les convocations générales du Parlement, mais il imagina qu'il était mandé pour être interrogé sur le fait des miracles de saint Páris. Il se résigne à l'apostolat, il va rendre témoignage de *l'œuvre de secours*; il y sacrifie l'édification qu'il devait trouver dans la séance des convulsionnaires, et le voilà parti pour affronter la persécution des jésuites et le martyre peut-être (sans oublier sa robe rouge). Vous prévoyez bien si les deux cours de France et de Parlement se moquèrent de lui ! Laissons-le donc tranquille à Fontainebleau, dans la galerie des Cerfs, où il attendit les ordres du Roi jusqu'à minuit sonné, ultérieurement et inutilement, par soumission pour la lettre-close et son protocole en ritournelle.

Je ne saurais mieux faire ici que de vous copier la fin d'une relation qui fut écrite et envoyée par votre grand-père à la Princesse de Horn, attendu que l'Archiduchesse-Gouvernante était fort occupée des convulsionnaires, et qu'on s'inquiétait de ses dispositions jansénistes à Bruxelles. — Laissons parler M. de Créquy, comme disait toujours le Cardinal de Gèvres.

« . . . . . Le Duc de Richelieu s'était mis en
« ouvrier endimanché, M. de Durfort en boursier
« de collége, et moi je ne sais trop comment. Je
« devais avoir la mine d'un pauvre abbé qui se
« déguiserait pour aller à quelque paradis de
« théâtre. Nous arrivons de conserve dans la rue
« Saint-Merry, en face de l'entrée du cloître. Hor-
« rible maison, abominable escalier. La scène était
« dans un grenier qui s'étendait sur toute la mai-
« son. Il y avait 62 personnes et pas une figure
« connue, sinon celle du Chevalier de Folard et
« de M. de Montgeron, dont nous ne nous appro-
« châmes point. Voilà M. de Richelieu qui com-
« mença par s'agenouiller et marmotter des pate-

« nôtres. — Mauvais, mauvais, profanatoire! lui
« dit M. de Durfort à l'oreille, et Richelieu se re-
« leva d'un air contrit. Il a conservé cet air-là
« pendant tout le temps, ce qui n'a pas empêché
« qu'une des convulsionnaires vînt lui dire : —
« Donnez-moi donc secours, petit malicieux! par
« façon de contre-vérité railleuse, à cause de l'air
« innocent qu'il avait pris. Il s'était fait une phy-
« sionomie si drôle que nous évitions de le regar-
« der pour ne pas rire. Il a donné des coups de
« pied dans le ventre à cette femme tant qu'elle
« a voulu. Il avait voulu prendre une bûche afin
« de la secourir avec plus d'efficacité, mais le di-
« recteur s'y est opposé, en disant qu'il y avait
« manière de s'en servir pour donner les secours,
« et qu'elle n'était connue que des *éprouvés*. Au
« moment de notre arrivée, il y avait trois femmes
« en convulsion, dont un jeune garçon qui avait
« déjà de la moustache. C'était un drôle assez
« trapu, râblé, et qui parlait bas-normand. Je
« croirais asssez que le directeur n'était pas la dupe
« de son costume. Richelieu s'est mis à lui porter
« secours à grands coups de souliers ferrés, de telle
« sorte qu'elle en jurait entre ses dents, cette con-
« vulsionnaire. Je l'ai pris par le bras en lui disant
« de se tenir tranquille, et qu'il nous ferait assom-
« mer par représailles. Il avait donné parole
« d'honneur qu'il m'obéirait sur toute chose, il a
« tenu parole à peu près, et tant qu'il a pu. Le
« directeur est un père de l'Oratoire dont je n'ai
« pu savoir le nom. Il a commencé par porter ce
« qu'ils appellent des secours à une vieille femme

« qui se roulait par terre et qui faisait des bonds
« et des contorsions infernales, et c'était en lui don-
« nant une cinquantaine de coups avec une grosse
« bûche sur la poitrine et sur la tête, à tour de bras.
« On croyait entendre un crâne qui résonnerait le
« vide. On aurait cru que la poitrine de cette vi-
« laine femme allait se défoncer et sa tête se fen-
« dre, mais elle ne cessait de crier : *Secours !*
« *doux secours ! secours !* Quand elle s'est trouvée
« suffisamment secourue, elle s'est relevée de sur
« le plancher, et s'est allée mettre dans un coin,
« où je l'ai suivie de l'œil. Elle a tiré de sa poche
« une petite fiole ; on a dit que c'était de *l'eau de*
« *saint Pâris*, mais nous n'avons pas voulu deman-
« der ce qu'on entendait par là ? Elle en a mouillé
« ses tempes et son front, et j'ai vu en sortant
« qu'elle était accroupie dans le même endroit, où
« elle paraissait endormie. Son nom janséniste est
« Sœur Marianne.

« Il paraît que cet immense galetas communique
« avec les greniers de la maison voisine. Nous
« avons d'abord entendu des sons discordans, et
« comme des chants éloignés, et puis nous avons vu
« s'ouvrir une petite porte à laquelle on parvenait
« de notre grenier par cinq ou six marches en plan-
« ches, à cause de la différence d'étage, apparem-
« ment. Il en est sorti premièrement une grande
« personne de 25 à 30 ans tout au plus, assez jolie
« pour une folle, et vêtue raisonnablement. Elle a
« commencé par promener ses regards sur tous les
« assistans, et le directeur avait l'air d'en éprouver
« de l'anxiété. Quand il s'approchait d'elle, elle le

« repoussait de la main d'un air distrait, sans le re-
« garder.— *Le voilà, le voici, c'est celui-ci!* a-t-elle
« dit en montrant le Duc de Durfort... Mais le direc-
« teur et deux autres dignitaires sont sortis de la foule,
« et lui ont représenté que, pour le secours du *gros*
« *fer*, il fallait un *secouriste expérimenté dans la sa-*
« *pience*. Elle s'est mise à pleurer; et le beau Dur-
« fort m'a dit tout bas que si les trois corbeaux jan-
« sénistes n'étaient pas venus le tirer d'affaire, il
« aurait dit qu'il était estropié du bras droit. Ce qui
« n'aurait pas été mentir, car il a fait, il y a quatre
« ou cinq jours, une chute de cheval dont il a le
« poignet foulé.

« Je vous dirai, ma Cousine, que le secours du
« gros fer s'applique, non pas à coups de bûche,
« mais à coups de bêche dans les reins et à coups de
« marteau sur le front; jugez si cela peut convenir
« à Mme l'Archiduchesse! Mais il nous a paru qu'on
« pouvait user de quelques ménagemens dans l'em-
« ploi de ce miraculeux spécifique; et dites-lui ceci
« pour sa gouverne. Le secouriste de la grande per-
« sonne n'y allait pas de si franc jeu que le Père de
« l'Oratoire sur la vieille femme. Pendant ce temps-
« là, Richelieu rôdait dans la foule. Il nous a dit
« qu'il avait remarqué une grosse petite mignonne
« de 50 à 60 ans, qui débuta par expliquer catégo-
« riquement à ses voisines pourquoi elle en appe-
« lait contre la bulle *Unigenitus* au futur concile, et
« qu'ensuite elle s'était renversée sur le dos pour se
« faire asséner de grands coups de bûche dans le
« ventre, en disant avec un air de volupté myrifique
« et d'innocence enfantine et langoureuse: *Nanan!*

« *Nanan! C'est Nanan! Ze veu Nanan! Touzou Nanan!*
« Il y avait dans le creux d'une espèce de trappe ou-
« verte un convulsionnaire qui paraissait du sexe
« mâle et qui se démenait en grande agitation ; il
« demandait à grands cris qu'on s'occupât de le
« soulager. Voyant Richelieu qui s'était penché pour
« regarder dans cette cavité, il implora son as-
» sistance, et alors notre bon Richelieu se glissa
« derrière la trappe qu'il lui rabattit sur la tête.
« Pendant tout le reste de la séance nous entendions
« cet homme qui se démenait sans pouvoir soulever
« son couvercle et qui faisait une sourde rumeur
« sous nos pieds. Enfin nous vîmes arriver en pro-
« cession, qui descendait par ce petit escalier de
« planches, une vingtaine de figures inimaginables,
« et notamment la Sœur Françoise Bergerat, qui
« était comme ensevelie dans un sarrau de grosse
« toile blanche et qui s'était couronnée d'une sorte
« de diadème en fil d'archal avec des piquans.
« C'était en guise de couronne d'épines, et l'on
« portait derrière elle une croix de bois qui n'avait
« pas moins de sept à huit pieds de haut.

« Tout le monde se mit à genoux pour écouter
« Sœur Françoise qui prêcha sur la persécution
« des saints, sur les malheurs de l'Église, et sur
« les miracles du Bienheureux Pâris, en nous pro-
« phétisant des calamités atroces. Richelieu s'était
« blotti dans le plus sombre, parce qu'il avait
« crainte d'être reconnu d'elle ; mais comme il ne
« pouvait rester sans rien faire, il se mit à faire de
« l'eau dans son coin. — Qu'est-ce qui nous a
« mouillé les genoux ? D'où peut venir cette eau

« sur le plancher?..... Richelieu n'en aurait pas ri
« pour tout l'or du monde. C'est lui qui vous de-
« vra demander pardon de ce que je vous rapporte
« cette vilenie.

« Cependant, on coucha la croix par terre et
« sœur Françoise s'y étendit sur le dos. On lui
« avait mis un girard (1) sous les reins et un gros
« livre sous la tête, ainsi que deux tampons d'étoupe
« autour des coudes. Elle parla quelque temps en
« style figuré de la mission qu'elle avait reçue d'en-
« haut pour convertir les impies et pour témoigner
« la vérité des miracles opérés à Saint-Médard,
« par l'intercession des Bienheureux Páris et Ques-
« nel. Le directeur lui appliqua ensuite un de ses
« pieds sur le ventre et se souleva de manière à ce
« que tout le poids de son corps portât sur celui
« de Françoise; ensuite il posa son même pied sur
« le front de Françoise en se soulevant de la même
« manière, et sœur Françoise en éprouvait une
« *consolation bénigne*, disait-elle. Je vis qu'on l'at-
« tachait sur la croix avec des sangles bouclées au-
« tour des reins, par-dessous les bras, au-dessus
« des genoux, aux poignets et au-dessus de la che-
« ville des pieds. Le directeur, assisté d'un vieux
« bélître à poil gris, prit ensuite un linge mouillé
« dans je ne sais quelle eau bénite de leur fabri-
« que, il en bassina la main droite de la patiente,
« et puis il y présenta la pointe d'un gros clou
« carré en lui demandant *si le temps était venu.* —
« *Frappez,* lui dit-elle, *frappez vite et fort!* Le clou

(1) Espèce de manchon.

« fut enfoncé dans la croix à travers la main, mo-
« yennant cinq à six grands coups de maillet. Le
« visage de la bienheureuse était d'une pâleur ef-
« frayante et dans un état de crispation horrible à
« voir. Il en fut pareillement de sa main gauche ;
« mais avant de procéder à la torture des pieds, il
« fallut déclouer et rapprocher d'elle une sorte de
« bloc ou morceau de bois en forme de console, sur
« lequel on devait clouer ces deux extrémités du
« corps, parce qu'il avait d'abord été placé trop
« bas. Ce fut une opération qui dura plus de vingt
« minutes pendant lesquelles sœur Françoise ne
« décessa pas de catéchiser, de prophétiser et même
« de chanter, ce dont elle s'acquitta fort mal. Enfin
« les pieds furent mis à nu et cloués sur la con-
« sole, et la croix fut élevée debout graduellement
« et par intervalles de dix minutes en dix minutes,
« à partir de sa première position horizontale jus-
« qu'à la verticale, ce qui ne dura pas moins d'une
« heure un quart, au dire de Durfort, qui a tou-
« jours, comme vous savez, sa montre à la main.
« Pour moi, j'étais obsédé par la vision de cette
« scène sanglante, absorbé dans la contemplation
« de ce fanatisme, et il me prit en outre une in-
« quiétude mortelle pour ce Richelieu que j'aime,
« dont j'attendais continuellement quelque nouvelle
« diablerie et que je voyais assommé, si ce n'est cru-
« cifié. Je ne doute pas que les convulsions ne soient
« plus ou moins épidémiques ; le sage Durfort en
« conservé de l'ébranlement nerveux pendant qua-
« rante-huit heures, au point d'en avoir perdu le
« sommeil et l'appétit. Si la séance avait duré une

« heure de plus, je ne doute pas que je ne fusse
« entré en convulsions.

« On découvrit le côté de cette crucifiée qui avait
« demandé à y recevoir le soulagement d'un coup
« de lance, car cette horrible parade était encore
« une indigne parodie de la Passion de Notre Sei-
« gneur. A défaut de lance, on usa d'une lame de
« couteau qui fut emmanchée tant bien que mal
« avec une canne de jonc et une jarretière de serge
« prêtées par deux secouristes. Il en découla du
« sang en abondance; on rétablit la croix sur la
« ligne horizontale, et sœur Françoise se mit pour
« lors à réciter d'une assez faible voix l'évangile
« selon saint Jean. On fit baiser à tout le monde
« un crucifix qui avait touché aux reliques du di-
« vin Pâris; on nous aspergea d'une eau très sale,
« où l'on avait délayé de la terre du cimetière de
« Saint-Médard, et finalement on nous renvoya
« chacun chez nous, en nous disant d'y prier, d'y
« militer pour la bonne cause et d'y travailler sans
« relâche à démasquer ces cruels ennemis des saints
« qui se disent les compagnons de Jésus.

« Je n'oublierai jamais les déportemens san-
« guinaires et la farouche extravagance de ces fa-
« natiques. »

Je reprends la parole afin d'ajouter à cette déclaration de mon mari que M. le Paige (un Conseiller au Parlement), ayant administré soixante
et tant de coups de bûche à Mme son épouse qui
se trouvait enceinte, et ceci pour lui procurer par
les secours et les mérites du saint Diacre une délivrance moins laborieuse, elle en mourut en accou-

chant d'un enfant mort avant terme, et voilà tout ce qu'il en fut; tant les pratiques et les procédés jansénistes étaient respectables aux yeux des parlementaires.

Dix-huit mois après ceci, le Parlement de Paris rendit un arrêt qui supprimait l'ordre des jésuites. Les considérans de la sentence établissaient que c'était pour la quinzième fois qu'on les chassait du royaume, et ceci prouvait du moins qu'on les y avait rappelés quatorze fois. Au mois d'octobre suivant, le Parlement rendit un autre arrêt qui défendait à tout *ci-devant et soi-disant* jésuite de monter en chaire et même de confesser dans le ressort de sa juridiction. Cet étrange et ridicule empiètement sur les droits épiscopaux donna matière à réclamation de la part de tous les Évêques de France. Il en résulta des mandemens en faveur des jésuites, il en résulta l'exil de M. l'Archevêque de Paris (le Parlement n'avait pas eu l'audace de le poursuivre), et la condamnation de l'Archevêque d'Auch, qui fut décrété de prise de corps et mis à l'amende de dix mille écus. On voit quelle sorte de scandales arrivèrent en conséquence de la doctrine janséniste, et par suite de l'implantation du jansénisme au cœur du Parlement. À la vérité, la même cour de justice a défendu, par un autre arrêt du 8 juin 1763, de se faire *inoculer*, sous peine de prison, d'amende et de bannissement en cas de récidive. N'est-ce pas le fait d'un corps de magistrats infiniment judicieux que d'avoir été prévoir *la récidive* en cas d'inoculation et de petite-vérole?

Pour en finir avec sainte Bergerat, j'ajouterai que

je fus bien étonnée quand je vis paraître, au bout de vingt-cinq ans, une dissertation de M. de la Condamine, qui relatait scientifiquement aux académiciens, ses collègues, une autre opération crucificiale, où ladite sœur Françoise avait joué précisément le même rôle en présence du signataire et de M. de la Tour-du-Pin-Gouvernet, il y avait de cela douze ou quinze jours. Je l'aurais cru morte en suite et résultat d'un pareil régime. Louis Racine, qui était passé de l'église militante dans l'église triomphante, avait eu soin de lui constituer une rente viagère de cent louis, mais elle avait continué de se faire bûcher, piétiner, enclouer, etc., tous les cinq ou six mois pendant vingt-sept ans. Ce n'est pas moi qui vous expliquerai ce merveilleux effet du jansénisme, au moyen de la dissertation philosophique de M. de la Condamine, car je n'ai jamais pu comprendre ni l'un ni l'autre (1).

Je ne veux pas oublier de vous dire, à propos de M. de la Condamine, qu'il était d'une incorrigible curiosité, et que lorsqu'on écrivait en sa présence, il avait toujours soin d'aller se placer derrière vous pour regarder par-dessus votre épaule. Mme du Boccage en profita pour ajouter à la fin d'une de ses lettres : « Je vous en dirais davantage si M. de la « Condamine n'était pas derrière mon dos, lisant « tout ce que j'écris. » — *Allons donc !* s'écria-t-il, *je vous assure que je ne lisais pas !*

---

(1) Voyez un procès-verbal de la police du temps, aux pièces justificatives, à la fin de l'ouvrage.

CHAPITRE IV.

La Marquise d'Urfé. — Les alchimistes. — Le Comte de Saint-Germain, Cagliostro, Casanova. — Discussion de l'auteur avec Saint-Germain. — Fourberie découverte. — Le Cardinal de Créquy au concile de Trente. — La mèche de cheveux du Roi Hérode. — Le Père éternel et M. du Châtelet. — Autre discussion avec Saint-Germain. — Le Maréchal de Chastellux et ses descendans. — Souper chez M. Le Normand d'Étioles. — Détails donnés par Saint-Germain sur la maison de Chastellux. — Anciennes poésies. — Épigramme du XVe siècle par Alain Chartier. — Épigramme du XVIe siècle par Melin de Saint-Gelais. — Histoire du Prince de Craon sur la Comtesse de Sennecterre. — Effet de l'élixir de longue vie. — Ses inconvéniens pour les pères de famille. — Le charlatan mystifié

Vous vous souviendrez peut-être de mon histoire du Noble-à-la-Rose avec Mme d'Urfé, qui continuait toujours à chercher la poudre de projection pour la transmutation du cuivre en or, et qui soufflait jour et nuit pour se distiller du baume de longue vie. Elle ne sortait presque plus de son laboratoire, où peu de personnes obtenaient la faveur d'être admises ; sa société se bornait à des adeptes et des rose-croix ; ses relations n'aboutissaient plus qu'à des fourneaux et des cornues, des alambics et des récipiens ; mais j'étais pourtant du petit nombre des personnes favorisées, ce dont je n'abusais pas, et j'éprouvais pour cette pauvre femme un sentiment de compassion véritable. Elle a travaillé pendant quatre ans sur la cabale et la pierre philosophale avec le prétendu Comte de Saint-Germain, ce qui n'a pas laissé de lui coûter cent mille écus. Le signor Alessandro Cagliostro lui fit dépenser, quelques années après, quatre ou cinq cent mille francs pour opérer l'évocation des ombres de Paracelse et de Moïtomut, qui devaient lui révéler la dernière Arcane du Grand-œuvre. Elle a fini par tomber dans les mains d'un autre imposteur italien, nommé Casanova, lequel avait la délicatesse de ne jamais lui demander de l'argent, mais seulement de riches pierreries pour en former des *constellations*. La délicatesse de son procédé n'avait pas eu l'art de plaire à MM. du Châtel, qui étaient les héritiers de Mme d'Urfé, et qui firent chasser Casanova du royaume. Il avait trouvé moyen de faire accroire à cette femme (d'esprit s'il en fut jamais) qu'elle allait devenir enceinte (à soixante-treize ans) par l'influence des astres et l'action des nombres cabalistiques; qu'elle en mourrait avant d'accoucher, mais qu'elle en renaîtrait *d'elle-même* et toute grande fille, au bout de septante-quatre jours, infailliblement et ni plus ni moins. Il ne s'agissait que d'éviter une seule chose, et c'était de ne pas se laisser ensevelir et enterrer mal à propos. Voilà ce qui malheureusement ne fut pas possible à obtenir de MM. du Châtel, qui, parmi leurs habitudes irrévérencieuses, avaient pris celle de considérer Mme leur grand'mère comme une vieille folle et M. le Chevalier Casanova comme un insigne voleur.

Elle avait donc commencé par avoir des relations intimes et suivies avec le Comte de Saint-Germain, lequel avait été contemporain de N. S. Jésus-Christ ainsi que de l'Empereur Tibère et du Tétrarque Hérode de Galilée, dont il avait conservé une assez belle touffe de cheveux bruns. Il avait vu Ponce-Pilate, d'abord à Jérusalem, ensuite à Grenoble où il était exilé ; mais c'était un homme insipide et tellement insignifiant (avant la publication des SS. Évangiles), qu'il n'avait gardé de lui qu'un souvenir assez confus. Ces ridicules façons de parler me rappelaient toujours un certain livre d'histoire sur la première race, par M. l'Abbé Legendre, lequel observe, à propos de la Reine Brunehaut, que, *bien que cette princesse eût des airs un peu fiers, elle avait néanmoins des manières à se faire aimer.*

Un beau jour où Mmes de Lorraine-Marsan et de Rohan-Guémenée se trouvaient empêchées ou occupées d'un autre côté, Mme de Brionne me fit demander si je ne voudrais pas faire avec elle une tournée de visites. La Comtesse de Brionne était beaucoup plus jeune que moi. Il était usité pour lors qu'une mariée qui n'avait pas trente ans n'allât jamais faire de visites sans être accompagnée d'une autre femme. Pendant qu'on était jeune, on n'aurait jamais eu l'idée d'aller toute seule en aucun lieu public, à moins que ce ne fût à l'église. On n'allait pas même toute seule en voiture avec son mari, et beaucoup moins encore au spectacle, où l'on aurait pu supposer qu'une femme était une fille. Les flâneurs des rues et les godelureaux du parterre auraient porté leur attention sur le *couple heureux ;* enfin, toutes nos habitudes extérieures et nos coutumes s'étaient naturellement arrangées de manière à ne pouvoir accréditer aucune supposition scandaleuse, et l'on dirait véritablement que ces coutumes de la haute noblesse française avaient été calculées dans l'intérêt de la morale publique. C'était, je crois bien, le résultat d'une civilisation profondément religieuse à son origine, et non moins religieuse encore dans ses développemens. Il ne faut pas oublier que ce sont les Évêques qui ont civilisé la France et les Bénédictins qui l'ont défrichée. Il est assez remarquable que la France ait été replongée dans la barbarie tout aussitôt qu'elle a eu détruit ses évêchés et ses monastères de Bénédictins.

Mme de Brionne avait eu l'idée de faire écrire son nom à la porte de Mme d'Urfé, chez qui, je vous l'ai déjà dit, on ne laissait entrer presque personne. En voyant mes livrées, on ouvre la porte cochère ; il faut monter chez cette alchimiste, on ne saurait s'en dédire, et nous faisons contre fortune bon cœur. On nous introduit sans nous annoncer; c'était une méthode adoptée dans cette habitation mystérieuse, et nous trouvons la Marquise assise au coin d'un grand feu (c'était au mois de juillet), vis-à-vis d'un homme habillé comme au temps du Roi Guillemot. Il avait sur la tête un grand chaperon galonné. Il ne s'était ni levé ni découvert en voyant arriver Mme de Brionne ; et la Comtesse de Brionne, si princesse et si scrupuleusement polie, en parut surprise au dernier point. — J'ai reçu hier une lettre de M{l} de Créquy-Canaples, me dit la Marquise d'Urfé ; il se plaint du froid qu'il éprouve en Artois pendant la canicule ; il paraît ajouta-t-elle avec un air compatissant, que la cervelle est tout-à-fait dérangée. — Par ma foi! s'écria le Monsieur d'une voix forte et brusque, il a de qui tenir! j'ai connu le vieux Cardinal de Créquy; je l'ai beaucoup vu pendant la première session du Concile de Trente, où il ne disait autre chose que des sottises, et je vous puis assurer que c'était un fameux extravagant! il était Évêque de Rennes alors.

Je devinai que ce devait être là M. de Saint-Germain, dont les hâbleries mensongères et les récits qu'on en faisait m'avaient toujours impatientée. Je me retournai vers lui d'un air ouvert et naïf, en lui disant : — Monsieur veut peut-être dire Évêque de Nantes? — Non, Madame, Évêque de Rennes, et de Rennes en Bretagne; je sais très bien de qui je parle, et je sais très bien ce que je dis! — Monsieur, lui répliquai-je avec une petite mine de légèreté, d'imprudence et d'enjouement téméraire, je suis bien sûre que vous ne savez pas à qui vous parlez. — MADAME!... reprit-il d'une voix tonnante, en jetant sur moi des yeux courroucés.... — Ne vous fâchez donc pas, Monsieur, et puisque vous savez tant de choses, ayez la complaisance de nous dire comment je m'appelle? — Vous portez, entre autres noms, s'écria-t-il avec un ton d'hiérophante, un nom dont la racine est cufique, hébraïque et samaritaine, un nom bénit, un nom victorieux, mais ensanglanté, dépouillé, précipitable!... — Ah! Monsieur, lui dis-je en l'interrompant avec un air de reproche et de délicatesse outragée, un nom radicalement *cufique* et *précipitable* surtout! C'est une chose dont vous ne me ferez convenir certainement pas !...

— Comme vous avez découvert qu'elle avait nom Victoire ! lui dit Mme d'Urfé en le regardant avec un air d'admiration et d'attendrissement. — J'aurais préféré que Monsieur nous eût dit que j'étais Marquise de Créquy, repris-je alors avec un peu plus de sécheresse. Le Cardinal de Créquy, poursuivis-je, n'a jamais été qu'Évêque de Nantes et d'Amiens, Archevêque de Tyr, et Patriarche d'Alexandrie. L'épithète de *vieux Cardinal* ne lui va pas autrement bien, car il n'avait pas plus de 43 ans quand il est mort de la peste ; et quant aux sottises qu'il aurait pu dire à la première session du Concile de Trente en 1545, il ne serait pas juste de les lui reprocher avec sévérité, car il ne devait être âgé que de cinq à six ans. — Madame, vous m'insultez !... — Non, Monsieur, je me borne à vous répondre, et je n'insulte pas non plus à la vérité en vous répondant... — Je parie contre vous dix mille louis... — Monsieur, je ne vis que du blé de mes terres et je n'ai pas dix mille louis à mettre à l'enjeu contre vous. — Je parie cent louis alors... — Restez-en là, lui répliquai-je avec un ton d'autorité qui lui fit ravaler ses impostures et ses brutalités familières. Il n'y a que des Anglais ou des laquais qui puissent défier une femme en lui disant *je parie, je parie!* et c'est toujours à défaut de bonnes raisons... Mme d'Urfé, sur qui j'avais jeté les yeux, me parut dans un état de consternation risible. Elle me conjura de ne parler de rien, ni chez moi, ni chez les Breteuil, en frayeur du Cardinal de Fleury qui n'aimait pas les charlatans, et voilà ce que je lui promis sans difficulté. Tout ce qu'il en résulta, c'est que la porte de son laboratoire ne me fut plus qu'entr'ouverte, et à condition qu'elle s'y trouvât seule, encore.

Le Baron de Breteuil avait trouvé dans les archives de son ministère de la maison du Roi que ce prétendu Comte de Saint-Germain était le fils d'un médecin juif de Strasbourg, et que son nom véritable était Daniel Wolf; il était né en 1704, de sorte qu'il avait 68 ans lorsqu'il se donnait pour être âgé de 1814 ans, grâce à la vertu d'un élixir de longévité dont il avait dû la recette à sa haute faveur auprès de je ne sais quelle Reine de Judée. A 68 ans, il avait l'apparence d'un homme de son âge qui jouirait d'une santé robuste. Il était droit et marchait vite, parlant ferme et d'assez bon air, avec un peu d'accent alsacien, pourtant. Il avait le regard assuré, arrogant même. Il avait la peau fraîche et brillante, avec une forêt de cheveux blancs, la plus belle barbe et des sourcils de même, ce qui avait fait dire à Mme d'Urfé qu'il ressemblait au Père éternel. — *Quand il était jeune,* ajouta le Chevalier du Châtelet, car en fait d'irrévérence et de philosophisme, celui-ci prenait toujours l'avance avec le haut du pavé sur le Marquis, son frère aîné.

Une autre bonne exécution pour dévoiler le charlatanisme et la fourberie du Saint-Germain fut celle de M. de Chastellux, qui fit grand bruit (leur dispute) et qui fut assez divertissante. C'était chez M. Le Normand d'Étioles où se trouvait nombreuse compagnie. Saint-Germain s'était informé des personnages qui devaient y souper; il s'arrête au nom de Chastellux de préférence; il s'informe, il recherche, il feuillette, il eut bientôt fait son thème, et dès qu'il entendit annoncer le Comte de Chastellux, il se précipita pour lui demander s'il n'était pas le petit-fils du Maréchal de Chastellux, qui était Gouverneur-Général de la Normandie au quatorzième siècle. — Mais, Monsieur, je m'en flatte, et je crois bien qu'il était notre aïeul au septième degré. — Votre illustre septaïeul était un héros, Monsieur! un héros dont le Roi paya la rançon deux mille deux cent cinquante livres en quatorze cent dix-huit! et je me souviendrai toute ma vie de l'avoir vu prendre séance au chœur de la cathédrale d'Auxerre, en qualité de Protecteur Avoué du chapitre et de Chanoine d'honneur. C'est à telles enseignes qu'il avait un surplis par-dessus sa cuirasse, une aumusse au bras et son bâton de Maréchal de France à la main! Et sa vénérable mère, Alix de Bourbon-Montpeyroux, qui était la cousine-germaine de son père?— Oui, Monsieur, ce digne Maréchal, votre ancêtre, était mon ami très intime; et j'aimais son fils aîné comme la prunelle de mes yeux! Vous savez? son fils aîné, Jean III de Beauvoir, Sire de Chastellux et Vicomte d'Avalon, qui avait épousé la fille du Seigneur d'Aulnay; je la vois d'ici et je vous proteste que c'était une charmante personne en 1493!... Il n'avait qu'un défaut, le jeune homme, il était panier-percé comme un reître, et quand il avait joué du hautbois dans vos forêts de Coulanges et de Baserne, son père en était furieux contre lui! — C'est qu'il était serré, le vieux Maréchal! et je me souviens qu'un jour de Pâques, il ne voulut jamais laisser décarêmer sa famille et ses gens, parce qu'il était resté dans ses cuisines un excédant à la provision de poissons qu'il avait fait pêcher pour la semaine sainte.

— Permettez-moi, Monsieur, de vous faire observer que vous confondez le grand-père avec le petit-fils, lui répondit M. de Chastellux d'un air de politesse noble et du plus beau sang-froid possible. Le Maréchal était magnifiquement généreux, et c'était Philippe II de Chastellux, son petit-fils, qui passait pour être... économe. Là-dessus, dissertation chronologique, citations réciproques, emportement de la part de l'aventurier et discussion toute à l'avantage du Comte de Chastellux et de la libéralité du Maréchal, son grand-père. On envoya chercher deux vieux livres dans la bibliothèque, et l'on produisit les autorités suivantes :

N° 1. « Le Mareschal de Beauvoyr
« Aura mangé nostre avoyne
« Advant qu'il ne puysse avoyr
« Assez d'escus par semaine,
« Comme il debvrait recevoyr
« Pour user à son vouloyr
« Et jecter à la centaine. »

N° 2. « Chastellus donne à déjeusner
« A six, pour moins d'un Carolus,
« Mais Chastellot donne à disner
« A huict, pour moins que Chastellus.
« Aprets tels repats dissolus,
« Chasqu'un s'en restourne fallot ;
« Quy me perdra chez Chastellus
« Ne me cherche chez Chastellot! »

La première de ces deux épigrammes est d'Alain Chartier, et l'autre est de Saint-Gelais, à 92 ans d'intervalle ; ainsi fut-il avéré que M. le Comte de Saint-Germain n'était qu'un charlatan maladroit et mal avisé.

Une autre bonne histoire est celle du Prince de Craon, dont M. de Saint-Germain ne connaissait pas la figure, et qui tombe un jour à l'hôtel d'Uzès, au milieu d'un grand cercle où ledit Saint-Germain débitait ses menteries, qu'on écoutait là, bouche béante. Il était question de Nicolas Flammel et de sa femme Pernelle, et de leur eau de Jouvence et de leur poudre de sympathie. — Eh ! mon Dieu ! s'écria le prince de Craon, ne savez-vous pas ce qui vient d'arriver chez la Comtesse de Sennecterre ? — Quoi donc ? quoi donc ? demanda Saint-Germain, qui lui avait *cédé* pour deux cents louis d'or (à prix coûtant) une petite fiole de son élixir. — Imaginez, Monsieur, lui répondit l'autre, que M. le Comte de Saint-Germain connaît beaucoup Mme de Sennecterre, et qu'il avait eu la générosité de lui donner un flacon de liqueur éthérée qui devait la rajeunir quand elle en prendrait un scrupule à l'âge de 50 ans ; deux gouttes à 60 ans passés ; quatre gouttes à 90, et ainsi de suite. Elle a voulu cacher la chose à son mari qui n'a que 71 ans (apparemment qu'elle ne le trouve que trop jeune comme cela.........). — Pas d'épigrammes et courons au fait, lui dit la Duchesse d'Uzès, qui mourait d'impatience et d'inquiétude, attendu qu'elle avait bu de la même drogue.

— Mme de Sennecterre avait confié sa précieuse petite bouteille à Mlle Jacoby, personne âgée, pru-

dente et soigneuse ; fille estimable, s'il en fut jamais !
— Mme de Sennecterre était allée hier au bal de l'hôtel de Soubise, et quand elle est rentrée dans son appartement, à cinq heures du matin, savez-vous ce qu'elle y a trouvé, Mesdames? — Une petite fille de 7 à 8 ans qui grimpait sur tous les meubles et qui courait en sautant comme un cabri d'un bout de la chambre à l'autre. — Mais qu'est-ce qu'une pareille sauteuse, une petite effrontée?... — Où sont donc mes femmes?... — Comment, Madame, a répondu la fillette avec une petite voix gaillarde et piaillarde, vous ne reconnaissez pas Mlle Jacoby, qui vous a élevée depuis l'âge de 4 ans? Ah ! par exemple!... — Mais comment se fait-il?... — Ah ! dame, j'avais la colique et j'ai voulu boire de l'eau de M. de Saint-Germain, qui m'a joliment guérie! Je n'en ai pourtant pris qu'une petite gorgée... — C'est bien la moindre chose que vous en ayez laissé quelques gouttes pour moi dans le fond de cette fiole, a dit Mme de Sennecterre avec un dépit qu'elle ne pouvait maîtriser. Envoyez-moi Julie pour me déshabiller, du moins. Où est donc Julie? — La voilà, Madame, a repris son ancienne gouvernante, en riant comme une petite folle, et lui montrant sur le tapis un enfant qui n'avait pas l'air d'avoir plus de six semaines ou deux mois, et qui tétait son pouce. — C'est là Julie, qui a voulu t en boire; elle a tout bu, Madame, et la voilà si rajeunie qu'elle en est devenue pas plus grosse que rien.

— Je vous assure que l'administration de l'élixir de longévité nécessite une extrême prudence, poursuivit le Prince de Cracn avec un sérieux incomparable.; M. de Saint-Germain nous met en danger de retomber en enfance; et quand on a des procès, des affaires en litige ou des filles à marier, on n'est pas toujours bastant pour retourner à la bavette e la lisière; j'en conclus qu'on ne saurait apporter trop de précautions... M. de Saint Germain s'était esquivé tout aussitôt qu'il avait aperçu que le Prince de Craon se moquait de lui.

Depuis ce moment-là, ce fut à qui se moquerait de M. de Saint-Germain, à qui le petit Maréchal (de Bièvres) allait faire des histoires comme à la tâche et à la journée. Je me souviens qu'un jour il avait arrêté dans leur marche précipitée (c'est Daniel Wolf, dit Saint-Germain) M. de Créquy, votre grand-père, et le Comte de Boulainvilliers, qui se promenaient dans les Tuileries, et c'était pour leur demander ce qu'il y avait de réellement vrai dans la singulière aventure de la Marquise de Jaucourt. Ils n'en avaient rien ouï dire, et le voilà qui se met à leur conter comme quoi cette petite Marquise allait à Versailles en grand habit pour y faire sa cour, et qu'en suivant la rue de Bellechasse, elle avait été soulevée par un cahot de sa voiture qui l'avait fait passer par la portière, en sorte que ses gens n'avaient plus rien trouvé dans le carrosse en arrivant au pied du grand escalier (de Versailles). Il avait fait une averse abominable, et, grâce à ses énormes paniers, la petite coquette avait flotté majestueusement sur le ruisseau qui bat toujours les murailles dans cette rue de Bellechasse aussitôt qu'il pleut. Maréchal de Bièvres ajoutait qu'elle ne s'était arrêtée qu'au grillage de l'égout, où M. l'Abbé

Raynal avait eu la galanterie d'aller la prendre et lui proposer la main pour la faire monter dans un fiacre, etc. Ceci pour vous donner un échantillon de ces belles histoires, au moyen desquelles on allait mystifier ce mystificateur.

CHAPITRE V.

La Comtesse de Brionne. — Les Princes de Lambesc et de Vaudémont. — Les anciens Comtes de Brienne et les Loménie. — Mme de Vaudémont, belle-fille de Mme de Brionne. — Sa naissance, son caractère, son goût pour les animaux. — Son voyage aux eaux de Bourbon. — Mme du Crest-Lancy. — Sa fille, Mme de Genlis. — Pèlerinage à Saint-Hubert pour la rage. — Rancune étrange de Mme de Vaudémont. — Intrigues du Palais-Royal. — Le fils du Régent. — Ses prétentions au savoir. — On lui persuade qu'il a appris le grec et l'hébreu. — Le Kisouch-Emouna. — Les Exaples. — Retraite de ce Prince. — Sa rancune envers Louis XV. — Ses manies. — Sa mort. — Mademoiselle de Sens et les billets de Mme de Pompadour. — Le catafalque de Mademoiselle de Sens. — — Scène étrange. — Croyance populaire à ce sujet. — Mlle Dupont, tante de Mme Roland. — Son opinion sur le docteur Bouvard. — Sa réponse à l'Évêque de Ruremonde. — Rancune des jansénistes contre saint Vincent de Paul. — Le Marquis de Paulmy. — Le Duc de Luxembourg en capucin. — Le Duc d'Aumont. — Conseil que lui donne le Maréchal de Richelieu. — Le fils de l'auteur, alors Marquis de Canaples. — Sa réponse à un beau parleur. — Panégyrique du Duc Louis d'Orléans. — Procès-verbal sur les convulsionnaires.

Mon ami, l'hiver dure, et ma plus douce étude
Est de vous raconter choses du temps passé.
Parlons un peu ce soir de Madame Gertrude ;
Je n'ai jamais connu de plus aimable prude !

Louise-Julie-Constance-Yvonne-Bretagne de Rohan-Guémenée, Comtesse de Brionne et Duchesse d'Elbœuf, « était la beauté même, et la sagesse infuse. »

Elle avait une taille admirablement bien prise et haute, avec un maintien digne, un air imposant, obligeant et doux. C'était une Junon chrétienne, héraldique, et toujours bien poudrée, bien appuyée sur ses hermines de Bretagne et mouchetée de croix de Lorraine à profusion. Elle avait une manière toute particulière de faire placer son rouge, c'est-à-dire en ligne absolument droite au plus près des yeux, dont cette couche de brillant carmin glacé d'argent ne diminuait certainement pas l'éclat, tandis que les trois autres lignes inférieures et latérales allaient s'arrondissant en courbe avec une grâce parfaite, à distance égale du nez et des oreilles, et sans jamais tomber au-dessous du niveau de la bouche, ce qui donnait à tout son air de tête une grande distinction. Elle avait du bon sens avec un très bon goût, peu d'esprit avec une réserve charmante, et pour vous donner une idée de son caractère, il est suffisant de vous en rapporter ce qui va suivre.

Elle n'était pas toujours également satisfaite de la bonne tenue de son mari (le Prince Louis de Lorraine, Grand-Écuyer de France), attendu qu'il ne se montrait pas toujours en assez bonne compagnie; aussi lui dit-elle un jour en ma présence, avec un air solennel et de parti pris : — Monsieur, si je vous rencontre encore dans les Tuileries vous y promenant avec MM. Rivarol et Champcenets, vous pouvez compter et je vous donne ma parole d'honneur, que je leur ferai la révérence!!!...

Son fils aîné, le Prince de Lambesc, était un philanthrope admirable. En traversant votre ancien village de Poix en Boulonnais, il avise une chaumière embrasée, descend de voiture et se précipite à travers les feux et la fumée : il en arrache une bonne vieille paralytique dont les vêtemens étaient tout en flammes ; il la jette au milieu d'un mare où barbottaient des canards, et il la noie.

M. de Vaudémont, son second fils, était bien assurément le garçon le plus dissimulé, le plus indiscret et le plus disparate, le frondeur le plus guisard, le mari le plus tracassier, enfin le plus insupportable Prince que la maison de Lorraine ait jamais fourni à la France ! Il était si volontaire et si peu judicieux qu'il aurait aimé tout autant recevoir cent coups d'étrivières que cent mille écus par force ; mais il était si faible de caractère et d'entendement, que nous disions toujours qu'il suivrait le conseil de se tuer pourvu qu'on y mît de la suite. Quand il m'avait fait quelque tracasserie avec sa femme, qui venait me trouver pour s'en expliquer et quelquefois pour me le reprocher, je lui répondais toujours uniformément :
— Votre mari a deux principaux inconvéniens qui devraient s'exclure : il dit tout ce qu'il sait et il ne sait ce qu'il dit. Ils ont toujours fait mauvais ménage, et je me souviens que le mari voulait absolument inviter à dîner la belle Mme Pâter (1), tandis

---

(1) Catherine de Newckerke de Nywenheim, femme d'un riche armateur hollandais. Elle a épousé un des frères Champcenets en secondes noces, et je crois bien qu'elle vit encore (1801).

(*Note de l'Auteur.*)

que sa femme voulait décidément prier à souper un jeune et joli M. d'Oraison. Le Prince ne voulait pas entendre parler de M. d'Oraison, et la Princesse ne voulait pas recevoir Mme Pâter, d'où venait qu'ils se contrariaient toute la journée. Comme ils étaient également et parfaitement déraisonnables, Mme de Guémenée disait toujours qu'ils ne pouvaient rien faire de plus raisonnable que de se disputer. Il est vrai qu'ils avaient toujours tort à raison de ce qu'ils voulaient, et qu'ils avaient habituellement raison sur les choses qu'ils ne voulaient pas.

M. de Vaudémont avait entrepris, je ne sais pourquoi, de me faire aller à l'hôtel de Brienne avec sa femme, et j'eus grand'peine à lui résister.

Je n'allais jamais chez les Brienne et par un singulier motif : j'étais choquée de voir ces Loménie établis sans réclamation dans la possession de ce grand nom de Brienne, qui ne devrait appartenir qu'à MM. de Conflans. Ces paperassiers de Loménie étaient du même acabit et dataient de la même époque que vos alliés et mes parens les Neuville de Villeroy ; mais du moins les Neuville, en prenant ce nom de Villeroy, ne portaient que le nom d'un fief et n'avaient pris le nom d'aucune famille connue, tandis que dans ma pensée je ne pouvais jamais séparer ces nouveaux Brienne du titre de Porphyrogénète ou de Sébastocrator, et de la couronne impériale d'Orient qu'avaient portés leurs homonymes. Quand j'entendais annoncer M. LE COMTE ET Mme LA COMTESSE DE BRIENNE ! et que je voyais apparaître une couple de Loménie, il me semblait qu'on me donnât un coup de sabot sur le nez.

Le Maréchal de Biron partageait si bien la même susceptibilité qu'il ne les appelait jamais que Loménie (de Brienne), en appuyant vocalement sur la parenthèse. Je suis naturellement juste et je suis amie de l'ordre. C'est une disposition qui ne rapporte pas plus de profit que de satisfaction; — *ma, che volete, sono così.*

A présent, nous allons passer à la Princesse de Vaudémont qui vivra longues années, si Dieu le permet, car assurément celle-ci ne se tuera jamais avec intention de mourir. On la prêcherait furieusement long-temps avant de la décider à commettre un suicide, et c'est une inquiétude que ses amis n'auront jamais. Mme de Vaudémont n'est pas encore au bout de sa quenouille; Mme de Vaudémont pourra tourner un mauvais fuseau; elle ne mourra jamais assez vieille pour ne plus faire de sottises, et si je m'y prends d'aussi bonne heure à vous parler d'elle, c'est que je la trouve à la suite de sa belle-mère, où je la laisse. Il me semble aussi que c'est pour en finir et parce que je n'aurai plus besoin de vous en reparler. Quand vous l'aurez connue, vous comprendrez cette sorte d'empressement-là (1).

Mme de Vaudémont était la riche héritière des Montmorency de Flandre et de la maison de Wassenaar, dont elle a recueilli des trésors qu'elle a gaspillés le plus méthodiquement, le plus sérieusement et le plus tristement, on pourrait dire. On a su, par

---

(1) Louise Auguste-Élisabeth-Marie-Nicolette-Brigitte de Montmorency-Logny, née à Termunde en 1765, mariée à Versailles en 1778, morte à Paris en 1833

exemple, qu'elle avait fait faire à grands frais, pendant son émigration, une expertise avec des plans, des devis, des lavis, des arpentages et des estimations à n'en pas finir, avec les relevés des produits des baux, réserves et redevances depuis plus de cent cinquante ans, pour une certaine terre du Waterland dont elle venait d'hériter; et quand elle fut bien au courant de la valeur de ce beau domaine, qui pouvait rapporter cent quarante mille livres de rente, elle s'empressa de le donner pour quatre cent mille francs, une fois payés, par la raison, disait-elle, que les digues du Zuiderzée et du lac Swallue, qui sont à soixante lieues de là, lui avaient paru d'une construction défectueuse, et parce que la Hollande allait être infailliblement engloutie sous les eaux de la mer. Voilà comme elle a toujours administré sa fortune, et voilà ce qui fait que nous la voyons réduite à vivre aujourd'hui du reste de ses capitaux qu'elle a mis en viager, après avoir hérité de cinq à six cent mille livres de rentes en biens superbes.

Elle avait également hérité du chef de sa mère, qui était une Comtesse de Wassenaar (des Burgraves de Leyde), elle avait hérité d'une si grande quantité de vaisselle d'argent qu'on n'a jamais rien vu de pareil, à moins que ce ne soit chez des souverains, ou si ce n'est en Hollande, où la dignité des familles de l'ordre équestre les empêche de ne jamais rien vendre et ne rien échanger de leur mobilier, auquel on peut ajouter, mais voilà tout. Elle avait en outre une admirable collection de tableaux flamands, avec un si grand nombre de chinoiseries précieuses et d'une telle rareté que le China-Kauffmann, à qui Mme de Vaudémont les vendit, en fit charger un bâtiment pour les reporter à la Chine, où ces sortes de curiosités nationales ont conservé cent fois plus de valeur qu'elles n'en ont acquis en Europe. C'est du reste un commerce usité parmi les brocanteurs hollandais, qui sont toujours grands connaisseurs en fait de chinoiseries ; et tout aussitôt qu'ils achètent une pièce curieuse, ils ont grand soin de la mettre de côté pour la renvoyer à la Chine, ce qui leur procure un bénéfice de trois à quatre cents pour cent. La pauvre Princesse n'a su conserver de tout cela qu'environ 80,000 livres de rentes viagères, avec un collier de perles dont on aurait bien de la peine à trouver plus de 60,000 francs. Je n'ai jamais connu de malheureuse femme qui se soit si follement abîmée, tout en faisant la personne rangée, la femme d'ordre, et la bonne ménagère, s'il vous plaît.

Ce qu'on aperçoit de prime-abord en elle est une étrange affection pour toutes sortes de bêtes, et c'est depuis les poissons rouges et les cochons d'Inde, les hiboux, les fouines, les tortues et les marmottes, jusqu'aux mouches à miel et aux vers à soie. Vous la trouvez toujours entourée de katacouas criards, de guenons vertes et de singes violets, de matous sournois, de chiens hargneux et de louveteaux goulus qui lui dévorent les mains. On dirait qu'elle ne les en aime que mieux. Vous arrivez chez elle à la campagne, où vous êtes assailli par un escadron de chiens danois, lévriers, griffons, boule-dogues, épagneuls et bassets, qui sont coiffés avec des emplâtres de toile cirée en

forme de casquettes, et qui sont couverts avec des
espèces de chabraques en poix de Bourgogne : on
dirait des monstres mythologiques. Enfin vous entrez à grand'peine ; on s'assied, et vous entendez
qu'on va donner l'émétique à des pintades On a
mis un sinapisme à Brunet, qui est un chevreuil
valétudinaire ; il est question de faire prendre aux
lapins du clapier de l'élixir suédois ; enfin l'on entre
en consultation pour administrer des clystères aux
singes de la Princesse, et c'est une des opérations
les plus laborieuses et les plus épineuses de l'art
vétérinaire, à ce qu'il paraît. C'est la Princesse qui
tient les singes, et les morsures ne lui sont de rien,
pourvu qu'elle espère entretenir en santé ces charmans animaux. C'est M. de Caraman qui profite de
cela pour administrer les remèdes, et voilà de ces
lâchetés qui font mal au cœur!

Si vous jugiez Mme de Vaudémont d'après l'apparence de telle ou telle action de sa vie, vous la
supposeriez avare, égoïste, impie, jacobine, ingrate
et désordonnée ; mais si vous la regardez d'un autre
côté, vous la trouverez dévote jusqu'à la superstition, amie dévouée jusqu'à l'imprudence, et susceptible de procédés tellement généreux qu'on n'y
saurait penser sans admiration! Voyez plutôt sa
conduite envers cet indigne Saint-A...... et sa maîtresse Mme d'A..... qui lui ont filouté ses diamans
pendant l'émigration, et contre lesquels elle a eu
la noble délicatesse, la fermeté courageuse et la force
d'arrêt de ne jamais proférer un seul mot de reproche, une seule parole de blâme, et ceci parce
qu'elle avait eu de l'attachement pour eux, parce

qu'ils avaient été de sa société, disait-elle froidement et simplement...

. Mme de Vaudémont n'a jamais mérité les indignités qu'on a répandues contre elle; mais elle n'a pas mérité non plus l'importance et l'autorité qu'on aurait voulu donner à *son salon*, où, soit dit sans désobliger personne, il ne s'est jamais réuni, d'habitude et familièrement, que des gens d'une considération plus ou moins douteuse. C'est un faux air d'importance avec un relief ambitieux qu'auraient voulu se donner certains habitués de sa coterie. Parmi les femmes qui ont vécu dans ses relations intimes, on n'a jamais aperçu que la P. C. de R... (1) qui fut ce qui s'appelle une honnête personne; et du reste, il existe entre ces deux Princesses, si différentes à certains égards, une relation d'habitudes à raison de la proche parenté, plutôt qu'une sympathie de caractère et d'affection réciproque. Si l'on a débité des infamies sur la Princesse de Vaudémont, c'est uniquement parce qu'elle voyait la plus mauvaise compagnie du monde, et c'était toujours de quelques familiers expulsés et mécontens que provenaient originairement toutes ces indignités qui finissaient par se répandre dans le

---

(1) On peut supposer que l'auteur a voulu parler ici de la Princesse Charlotte de Rohan-Rochefort, veuve de M. le Duc d'Enghien, son cousin-germain. On dit que M. le Prince de Condé et M. le Duc de Bourbon, son fils, ne demandaient pas mieux que de reconnaître son mariage, mais que cette Princesse s'y est toujours refusée, pour ne pas se trouver assujettie à une étiquette trop sévère en qualité de *Princesse du sang*.

(*Note de l'Éditeur.*)

public. J'ai remarqué que, tel innocent qu'on soit ou si coupable que l'on puisse être, on est toujours calomnié quand on vit en mauvaise compagnie. Les mauvaises gens conçoivent toujours de vilaines pensées et tiennent toujours de méchans propos. On n'est sali que par la boue, dit le proverbe; j'irai plus loin que le proverbe, en disant qu'une personne de la naissance et de la consistance de Mme de Vaudémont n'aurait jamais été salie par la boue, si elle n'en avait pas recueilli chez elle. N'étant pas d'humeur à se tenir tout-à-fait en bas, il avait fallu qu'elle en eût fait monter à sa portée pour en recevoir les maculatures

Il est vrai qu'elle se trouve toujours naturellement inclinée du côté de la mauvaise société, comme aussi du mauvais côté politique, ce qui provient d'une mauvaise gloriole de patronage et de protection mal appliquée, et ce qui tient à la fausseté naturelle de son esprit, à l'infirmité de sa judiciaire, à sa matérialité, pourrait-on dire. Il est impossible qu'elle ne tourne pas et ne verse pas toujours à gauche; mais elle a beau manquer de jugement, le cœur lui reste. Il y a toujours de la noblesse et de l'héritière de Montmorency dans ses procédés ; il y aura toujours de la Princesse de Lorraine et de la dignité dans tous es rapports sociaux. Elle a mauvaise tête, elle est égoïste, inégale et rancunière; mais elle ne fera jamais une trahison ni une noirceur, encore moins des lâchetés ou des bassesses. Je ne l'aime guère et je ne l'estime point, mais j'ai toujours été révoltée de ces calomnies à l'égard d'une pauvre femme dont les principaux torts ne sont jamais provenus que de sa passion pour l'indépendance et d'une fierté mal entendue.

Mme de Vaudémont est une créature toute négative ; elle n'a jamais été bossue, mais on n'a jamais pu dire qu'elle fût bien faite. Elle n'aura jamais d'esprit, et l'on est obligé de convenir qu'elle n'en manque pas. Elle n'est point méchante et n'est pas bonne, elle n'est ni supérieure ni commune, ni grossière ni délicate, ni sage ni folle, ni grande ni petite, ni belle ni laide ; et je défierais qu'on pût lui dire avec la moindre apparence de justice et de raison : Vous êtes quoi que ce soit, si ce n'est inconséquente à l'excès ; et encore ne l'est-elle pas toujours également.

Je me souviens qu'en la voyant faire (avec son air sévère et préoccupé) une foule de choses les plus baroques et les plus ridicules, je lui disais souvent dans sa jeunesse : — Est-elle étrange et bizarre ! est-elle Flamande ! — Il ferait beau voir que je ne fusse pas Flamande ! répondait-elle en me regardant fixement avec ses deux gros yeux cataleptiques : le plus beau de mon visage en est fait, de mes grands-pères de Flandre, et je m'embarrasse pas mal de vos coutumes et vos manières de Paris, moi !

Elle a toujours la prétention d'être le chef de la maison de Montmorency, ce qui n'est pas sans raison, puisqu'elle est issue de ce fameux Jean de Nivelle que le Seigneur de Montmorency, son père, avait déshérité et traité de *chien*, pour avoir suivi le parti du Duc de Bourgogne, et pour s'être enfui *quand on l'appelait* pour le service du Roi ; aussi le Chevalier de Boufflers expliquait-il la passion de

Mme de Vaudémont pour les roquets par sa descendance de ce Jean de Nivelle, lequel était ce qu'on pourrait appeler un mauvais chien, suivant la tradition. Contre l'ordinaire de sa famille, elle ne songe aucunement à tirer vanité du nom de Montmorency; la naissance de son mari lui paraît, avec raison, bien autrement supérieure, et tous ses effets ne sont armoriés ou marqués qu'avec des croix de Lorraine. Seulement, quand ces cousins de Paris lui contestent son droit d'aînesse, elle en vient jusqu'à leur dire qu'ils ne sont peut-être pas de la véritable maison de Montmorency, ce qui les met dans des colères abominables, et ce qui, du reste, n'a pas le sens commun.

On pourrait supposer que Mme de Vaudémont ne croit à rien ; mais quand elle est mordue par un de ses chiens qui crève de la rage deux jours après, savez-vous ce qu'elle fait?.. Elle met une robe verte, elle monte dans une voiture verte, il faut absolument que la voiture soit verte ; elle en emprunte une verte si les siennes sont jaunes. Ensuite elle s'en va tranquillement en pèlerinage à Saint-Hubert-en-Ardennes. En passant à Sainte-Ménéhould, elle éprouve un accès d'hydrophobie avec des convulsions à faire crever un taureau ; mais ce n'est pas là ce qui l'inquiète, et tout son embarras, c'est que le vent ne se tourne à l'ouest, à cause de l'humidité qui lui donnerait une fluxion sur les dents. Elle arrive à Saint-Hubert; elle y boit un verre d'eau de la *Source-noire*; on lui met la tête sous une étole verte, en récitant l'évangile *selon saint Jean*, et la voilà repartie, confiante et pimpante! On ne saurait douter que deux autres personnes (dont un enfant de 4 ans) ne soient mortes de la rage à la suite des morsures du maudit chien, que sa maîtresse n'en a pas moins fait empailler pour adoucir l'amertume et la sensibilité de ses regrets. On en dira tout ce qu'on voudra, mais elle est encore vivante et bien portante au bout de 14 ans. Les physiciens ou les métaphysiciens expliqueront cela s'ils le peuvent, et comme ils le voudront ; mais toujours est-il que cette princesse est bien payée pour avoir confiance dans les pèlerinages. On n'a jamais eu l'occasion de remarquer qu'elle eût croyance dans l'utilité d'aucune autre pratique religieuse que celle des voyages à Saint-Hubert, et ceci témoigne assez quelle est la sûreté de sa judiciaire et la portée de son esprit.

Elle avait rapporté de sa Flandre une tradition d'histoire ou de légende, au sujet d'un de vos grands-pères à je ne sais quel degré, lequel avait tué, dans je ne sais quelle bataille, un de ses aïeux maternels, un Comte de Halwin, ce me semble ; il y avait de cela deux ou trois cents ans.

Elle avait eu de la peine à me voir avec indulgence à cause de cela ; mais la Comtesse de Brionne, sa belle-mère, en ayant découvert la cause, nous en faisions de tels rires avec Mme de Brionne et les autres princesses de Lorraine, que la pauvre Vaudémont avait fini par en prendre son parti. Mais il ne fallut pas songer à la réconcilier avec les *mâles* de votre maison, à qui elle en portait une rancune du diable! C'est un enfantillage que je lui rappelais, il y a quatre ou cinq mois, et jugez si je fus étonnée de la voir me répondre avec un air vindicatif et d'un ton courroucé : — Ne parlons pas de cela, s'il vous plaît! — Je crus que j'en allais mourir de rire, et Mme de Fleury, qui était bien malade, et chez qui la scène se passait, en eut des convulsions qui faillirent la tuer.

Je me souviendrai toute ma vie d'une entrevue que nous eûmes ensemble avec la mère de la Marquise de Sillery, et ce que je vous en dirai pourra suffire à vous donner une idée positive et précise de ces deux étranges personnes (la Princesse et Mme du Crest).

La Princesse de Vaudémont avait été très malade, et d'une singulière maladie, car elle restait quelquefois quarante-huit heures sans donner aucun signe de vie, et puis elle se réveillait et se relevait subitement pour aller se casser la tête contre les murs, ce qui détermina sa belle-mère à faire matelasser toutes les parois de son appartement, où personne ne put la voir pendant cinq ou six mois. Les médecins l'envoyèrent ensuite aux eaux de Bourbon-Lancy, où j'étais allée de mon côté, et où Mme de Brionne m'avait fait supplier de la surveiller pour son régime et de la chapitrer pour le surplus. J'y perdis mon temps, mes paroles et ma patience, car elle ne mangea que des raves, et ne voulut jamais boire autre chose que du lait de beurre : voilà pour le régime; et quant au surplus, elle ne voulut jamais aller faire une visite qu'elle aurait dû rendre à la Présidente Molé (1), parce qu'elle avait *la peau trop*

---

(1) Bonne Bernard, fille du fameux Samuel Bernard, et femme de Mathieu-François Molé, Président au Parlement de Paris.

jaune et qu'elle lui *faisait mal à voir*, me disait-elle
en faisant des bâillemens désordonnés. Les bâillemens sont toujours épidémiques, et surtout auprès
de Mme de Vaudémont; mais ils sont véritablement
endémiques à ces tristes eaux de Lancy, comme à
toutes les autres fontaines thermales de la Bourgogne. On dirait que c'est une malédiction du dieu
des raisins contre les buveurs d'eau!

Je m'étais informée sur les lieux de ce que c'était
effectivement que la famille de Mme de Sillery (1).
J'appris par les gentilshommes cancaniers et les
caillettes du pays que Messieurs du Crest étaient assurément des gens de condition, qu'ils étaient origi-

---

(1) Stéphanie-Félicité-Julie du Crest de Lancy, d'abord Comtesse de Genlis, ensuite Marquise de Sillery, et gouvernante des
enfans d'Orléans. Elle a repris son premier nom de Genlis à son
retour de l'émigration, suivant la coutume de sa folle de mère,
qui se faisait appeler et annoncer tantôt Mme du Crest, ou
Mme de Lancy, ou Mme de Saint-Aubin, et finalement
Mme d'Andelot. Elle était sœur utérine de Mme de Montesson, qu'elle exécrait et qui le lui rendait libéralement. M. de
Sillery, du nom du Bruslard, était le descendant et l'héritier de
Nicolas Bruslard, Marquis de Sillery et de Puysieux, Chancelier de France et de Navarre sous le règne de Henri IV. Il n'avait
pas hérité de la capacité de son aïeul, et n'avait d'autre volonté que celle de sa femme. Il était devenu le confident et
l'agent de Philippe-Égalité, qu'il a suivi sur l'échafaud. On dit
alors qu'il s'était confessé dans la prison de la Conciergerie à
l'abbé Fauchet qui avait abjuré ses erreurs, et dont il reçut l'absolution; mais toujours est-il qu'il est mort en criant : *Vive la
République!* exemple qui fut suivi par les autres girondins,
ses consorts. Je n'ai pu m'expliquer ni comment ni pourquoi cet
orléaniste avait été classé parmi les utopistes de la Gironde.

(*Note de l'Auteur.*)

naires de Savoie, et qu'on avait fait preuve de huit quartiers de noblesse pour Mme de Sillery, que son père avait fait recevoir Chanoinesse dans un des chapitres du Lyonnais. Les plus anciens buveurs d'eaux minérales et les vieilles femmes les plus rhumatisées se souvenaient encore de l'avoir entendu nommer dans son enfance « la Comtesse Félicité de Lancy », parce que son père était Seigneur et Patron de cette petite ville. Il était encore Seigneur haut justicier de Saint-Aubin-sur-Loire; mais parce que sa femme et lui auraient dévoré deux royaumes, tous les droits utiles de ces deux seigneuries étaient engagés par eux pour quatre-vingt-dix-neuf ans. Ils n'en avaient conservé que l'encens et les prières nominales qui ne leur profitaient pas à grand'chose, le pain bénit qui ne les rassasiait guère, et l'eau bénite qui ne leur suffisait pas.

On a dit et publié (par animosité contre Mme de Sillery) que sa mère avait eu l'indignité de lui faire jouer de la harpe à des concerts publics, et qu'on les faisait venir à nos soirées moyennant rétribution, ce qui n'est pas vrai le moins du monde. D'abord aucune personne *comme il faut* n'aurait voulu participer à cet avilissement d'une famille noble et d'une fille de condition ; ensuite Mme du Crest avait deux fortes pensions sur les états et le clergé de Bourgogne, sans compter l'argent qu'on allait solliciter pour elle et qu'on obtenait toujours de M. le Prince de Condé, gouverneur de sa province. A ma connaissance, et jusqu'au mariage de sa fille, au moins, elle n'a jamais dépensé dans une année moins de quinze à dix-huit mille francs honorablement perçus. Enfin, son caractère était justement l'opposé d'une pareille conduite; et quand nous avions donné quelque bagatelle à sa fille, elle ne manquait jamais de faire apporter chez nous un panier du crû de Montrachet, que nous appelions, à cause de cela, *le vin des États de Bourgogne.* — Vous me ruinez, nous disait-elle, avec vos cadeaux; et si vous avez compassion de moi, ayez la bonté de ne jamais nous en faire !... A tout prendre, c'était bien la plus spirituellement imprévue, la plus naturellement étrange et la plus divertissante créature que j'aie jamais rencontrée. Sa fille ne lui rendait pas justice et n'était frappée que de ses bizarreries dont elle avait à souffrir; mais si cette pauvre femme avait eu le bonheur d'épouser un homme raisonnable, elle aurait été sur le pinacle des réputations en fait d'esprit et d'originalité piquante. Un autre inconvénient de cette position, c'est que Mme de Genlis en est restée tout inclinée vers le pédantisme et la pédagogie. Sitôt qu'elle a taillé sa plume, elle devient gourmée, didactique et prêcheuse; mais c'est seulement dans ses livres, car elle est toujours bien autrement aimable et spirituelle en parlant qu'en écrivant. Jamais un auteur n'a moins ressemblé à ses ouvrages; jamais femme d'esprit n'a fait plus de sottises; mais aussi jamais femme intrigante ne s'est trouvée plus déçue, et jamais femme orgueilleuse n'a été si décriée ni si diffamée que Mme de Sillery !

— Mon Dieu ! me disait-elle une fois, moitié ricanant et pleurnichant, excepté la Marquise de Brinvilliers, je ne crois pas qu'il y ait jamais eu femme de condition dont on ait dit autant de mal que de moi !

— Allons donc ! vous êtes bien de votre province avec la Brinvilliers ! lui répondis-je, enflammé de courroux aristocratique et possédée par le démon de l'orgueil nobiliaire ; la Brinvilliers n'était pas autre chose qu'une bourgeoise dont le mari avait acheté le domaine utile de ce marquisat de Brinvilliers. C'était le Prince de Conty qui en était resté titulaire, et son fils en prend encore aujourd'hui la qualité dans tous ses contrats.

— Je n'avais pas vu cela dans les *Causes célèbres*...

— Mais la belle autorité que vos *Causes célèbres*, où tous les arrêts sont dénaturés et tous les noms estropiés ! Voyez en quels termes et de quel air du haut en bas Mme de Sévigné parle de cette femme. Faites-vous montrer au greffe du Parlement les pièces de son procès, et vous verrez si la Brinvilliers était ce que vous appelez une *Marquise !*

— Ce que vous dites là me fait bien de la peine, répondit la Marquise de Sillery en éclatant de rire, et voilà que vous me reprochez mon ignorance, au lieu de compatir à mon affliction... Je serais bien fâchée d'être aussi savante et aussi peu sensible que vous !

— Il est vrai, lui dis-je en riant à l'unisson, que je viens de vous faire une sortie bien intempestive et passablement extravagante ! mais chacun a ses manies ou ses infirmités. Que voulez-vous ? j'entre toujours en colère et j'étouffe de rage aussitôt que j'entends donner à la femme de maître Jean Gobelin, conseiller à la Table-de-Marbre et seigneur du marquisat de Brinvilliers, le même titre qu'à moi!...

J'en reviens à M™ du Crest de Lancy, qui m'a toujours paru non moins spirituelle et bien autrement divertissante que sa fille.

Elle était revenue dans son domaine engagé, pour y prendre les eaux minérales, et pour le moment elle s'appelait M™ la baronne d'Andelot. Nous la trouvâmes établie au coin d'un bois, sous un grand arbre, où elle s'était fait construire une hutte en feuillage. Elle était assise sur un siége de mousse et de fougère ; elle y mangeait sa soupe dans une grande coquille avec une petite cuillère de buis; la bergère qui la servait était une bourbonichone de huit à neuf ans, et l'on voyait dans un coin de la cabane un jeune agneau blanc, qui était attaché par un vieux ruban rose à la branche d'un arbre. La Baronne avait pour son compte une pelisse de satin gris garnie de fourrure, un bonnet à papillons sous une coiffe noire, un pied de rouge, un grand éventail de la Chine, et les pieds sur un manchon. Je crois me souvenir aussi qu'elle avait sur la tempe un de ces grands emplâtres sympathiques en taffetas gommé qu'on faisait border avec des pointes d'acier ou de petits grenats, ce qui, de toutes les modes de la régence, était sans contredit la plus extravagante (à mes yeux du moins).

— Est-il possible que vous couchiez ici ! m'écriai-je.

— Mais pourquoi donc pas? dit-elle; on est toujours dans l'innocence et la paix, l'abondance et la perfection, sous la feuillée!... Vous avez un défaut que j'ai bien de la peine à vous pardonner, c'est que vous n'aimez pas assez l'églogue et la bucolique !

Elle nous dit ensuite que ce bon ménager de M. du Crest avait fait abattre leur château de Lancy pour en vendre les briques et les boiseries. — Je vous dirai que j'ai l'horreur des puces et des punaises, ajouta-t-elle, et voilà pourquoi je n'ai pas voulu me loger dans ma petite ville de Lancy, où je n'aurais pu fermer l'œil. Voulez-vous que je vous fasse bâtir une jolie cabane à côté de celle-ci ?

— Non pas, s'il vous plaît, lui répliquai-je ; j'a l'horreur des couleuvres et des crapauds !

— Comment donc cela ? s'écria Mme de Vaudémont ; est-ce qu'il y a des crapauds ici ?.... Je veux m'en aller ! je veux m'en aller tout de suite !

— Partez, Princesse ! allez, lui répondit Mme du Crest, en lui riant au nez de tout son cœur.

— Voulez-vous me prêter votre agneau ? lui dit cette étrange Vaudémont avec un sérieux inconcevable ; si vous voulez me le prêter, je vous le renverrai demain matin par mon Écuyer, qui est très soigneux. — Il est très soigneux, Vauménil.

— Oh ! je ne puis pas, lui répondit l'autre en manœuvrant de son grand éventail ; je n'ai pas ici d'autre société que celle de mon tendre agneau ! J'en ai besoin pour ma promenade du matin ; la petite fille que vous voyez là est bête comme une oie, et puis d'ailleurs elle est sourde et muette (ce qui était vrai). Ensuite elle se mit à chanter

    Les soins de mon agneau m'occupent tout entière,
    C'est de mon seul agneau que dépend mon bonheur.

Quand j'ai trouvé pour lui quelque fontaine claire,
S'il est content, s'il est content,
Rien ne manque à mon cœur !
Rien ne manque à mon cœur !

Pendant tout le reste de la conversation, qui fut également solide et sensée, Mme de Vaudémont s'était éprise d'un tel enthousiasme pour Mme du Crest que, plus de vingt ans après, elle me disait encore à propos de Mme de Genlis : — Elle n'approchera jamais de sa mère, qui était une femme supérieure s'il en fut jamais, celle-là ! une femme de tête, qui n'en faisait jamais qu'à sa fantaisie, et qui ne s'embarrassait guère du qu'en dira-t-on !.. On est bien heureuse d'avoir un caractère comme ça ! Vous souvenez-vous comme elle était joliment aménagée dans un taillis avec une petite sourde et un coquillage, qui lui servaient de femme de chambre et d'assiette?

— Ne vous rappelez-vous pas aussi qu'elle avait un agneau, lui dis-je, un agneau blanc?

— Voilà, par exemple, me dit elle, une chose dont je ne me souviens pas du tout; j'en ai tant vu depuis ce temps-là, des moutons blancs !.... Mais comment se fait-il que vous vous en souveniez si bien, vous qui n'aimez pas les bêtes?....

Ma nièce de Matignon, à qui j'avais conté l'histoire et qui nous écoutait, en partit d'un tel éclat de rire qu'elle en fit scandale, et que la Princesse de Vaudémont s'en fâcha sans savoir pourquoi.

C'est en compagnie de Mme du Crest que je vais m'en aller faire une excursion, une petite pointe en avant, comme on dirait, en écartant les mois et les années jusqu'en 1778. Je reviendrai sur mes pas afin de vous dire un mot sur M⁵ le duc d'Orléans (fils du régent), qui venait de mourir dans une petite chambre à l'abbaye Sainte-Geneviève, où il s'était retiré pour y fulminer des anathèmes contre les juifs et les comédiens. Nous sommes censés à l'époque où florissait Mme de Montesson, sœur de Mme du Crest, côte à côte avec le quatrième Duc d'Orléans, père de Philippe-Égalité.

Quoique je n'eusse aucune relation familière avec le Palais-Royal, non plus qu'avec la coterie des encyclopédistes, ils imaginèrent de se servir de moi pour acquérir la protection du Duc d'Orléans. J'avais su que Dalembert était allé trouver la femme du Marquis de Sillery pour l'engager à solliciter Mme la Duchesse de Chartres, afin qu'elle voulût bien s'interposer entre M. le Duc de Penthièvre, son père, et le philosophe Condorcet. Il lui toucha quelques mots (Dalembert à Mme de Sillery) sur la convenance et l'utilité d'un traité d'alliance offensive et défensive, à condition qu'elle ne cabalerait pas avec les *dévots,* et sur toute chose, à condition qu'elle ne s'attaquerait jamais aux écrivains de l'Encyclopédie. M. de Schomberg avait prévenu Diderot que Mme de Sillery se préparait à écrire contre eux, ce qui les effraya beaucoup, à cause de l'opinion du grand monde et de la cour du Palais-Royal dont Mme de Sillery était devenue l'oracle, et surtout à cause des Évêques et des parlementaires qui n'attendaient qu'une occasion pour instrumenter contre l'Encyclopédie. En outre, ils auraient voulu capter en sa personne la nièce de Mme de

Montesson, qui avait épousé le Duc d'Orléans, secrètement à la vérité, mais le moins secrètement qu'elle avait pu.

Dalembert alla jusqu'à proposer à Mme de Sillery de la faire recevoir de l'*Académie française*, avec Mme de Montesson, Mme d'Angivillers, Mme Necker et moi (par-dessus le marché). Nous lui aurions servi de satellites, et, pour ainsi dire, d'encadrement. Me voyez-vous sur la même ligne que Mme de Montesson, qui était la plus ridicule personne du monde et la fille d'un capitaine négrier? que Mme d'Angivillers, veuve d'un valet de chambre du Roi? et que Mme Necker, *née Churchod?*

Lorsque le Commandeur de Villeneuve était venu me faire part de ce beau projet, je l'avais tourné tellement en dérision que mon nom fut aussitôt rayé de la liste des *candidates* à l'Académie française. Mmes de Montesson et d'Angivillers ne manquaient ni d'une certaine habileté ni de prétentions. Mme Necker avait assez de vanité, j'espère! et malheureusement pour la France elle avait alors assez de crédit pour y faire opérer des innovations qui pussent tourner à son profit ou son agrément personnel. Enfin les encyclopédistes avaient compté sur l'appui du Duc d'Orléans, à qui des honneurs académiques rendus à Mme de Montesson, qui l'avait ensorcelé, auraient paru la chose du monde la plus délicieuse ; et si le projet qu'ils avaient conçu doit paraître bizarre, on est obligé de convenir qu'il n'était pas inexécutable. J'ai su par Mme de Genlis qu'après une heure et demie d'insinuations philosophiques d'une part, et d'argumentations religieuses de l'autre, Dalembert avait fini par dire à Mme de Genlis, avec un air contraint : « Vous aurez toujours la grâce de votre côté, Madame, mais vous n'aurez pas la force. » — Monsieur, répondit-elle en souriant, *les femmes n'en ont pas besoin.* Dalembert composa quelques mois après, sous le nom de *l'Abbé Rémy*, le premier pamphlet qu'on ait publié contre les ouvrages et la personne de Mme de Genlis.

A propos des Montesson, je vous dirai qu'ils se donnaient des airs de traditions séculaires et de rancune héréditaire contre votre maison, en disant toujours que les Montesson et les Créquy étaient ennemis jurés, ce que personne ne pouvait comprendre et ce qui faisait rire tout le monde à leurs dépens. — Eh! vraiment, nous dit un jour la vieille Comtesse du Guesclin, qui était Créquy, je me souviens très bien de leur affaire avec nous autres, et vous allez voir qu'ils ont grand tort de s'en souvenir. Elle nous dit alors qu'à l'époque où le pillage des titres s'était établi parmi la noblesse du deuxième et du troisième ordre, l'aîné des Montesson s'était emparé du titre de Marquis, que le Parlement lui fit quitter la première fois qu'il se trouva mis en cause. Je crois vous avoir dit que le dernier Maréchal de Créquy était horriblement bourru (sans être bienfaisant), et voilà qu'un jour de bataille, un jeune officier lui vint apporter une lettre dont l'écriture et la signature étaient indéchiffrables.

— Comment s'appelle le diable qui a griffonné ceci? dit le Maréchal en jurant.

— Monsieur le Maréchal, répondit l'officier d'un

ton suffisant et pleinement confiant, c'est le Marquis de Montesson, mon père et votre ami.

— Monsieur de Montesson n'est ni marquis, ni votre père, ni mon ami, répliqua le Maréchal avec une férocité dont votre grand-père et mon fils n'auraient jamais été capables. Et ce qu'il y a de curieux, c'est que j'en étais restée solidaire envers les Montesson, qui croyaient toujours que je devais les détester. Défiez-vous de ces gens-là, s'il en existe encore et si vous les rencontrez jamais (1).

En fait de belles acerbités de notre François premier du nom, en voici deux que je tiens de Mme de Coulanges, et que je ne veux pas laisser perdre. Mme de Coulanges les tenait de sa vieille tante, Mme de Choisy, la mère de cet Abbé *Comtesse des Barres,* et ceci nous ramène au jeune temps du Maréchal de Créquy, qualifié pour lors Duc de Lesdiguières ou Prince de Poix, car il avait porté ces deux noms avant la mort de son grand-oncle Charles II. Toujours est-il que le Cardinal de Richelieu se trouvait en grande compagnie sur un

(1) « Ne sont-ils pas des gens de qualité? me disait un jour
« MADAME. — Oh! des gens de condition, tout au plus, ré-
« pondit MONSIEUR. Ils descendent de la vieille Dallard, nour-
« rice de Louis XIV, à qui la Reine-Mère avait donné la sei-
« gneurie de cette petite paroisse de Montesson qui est auprès
« de Versailles ; et quant à ces Girardins qui soutiennent votre
« adversaire M. Lejeune, je vous dirai qu'ils tirent leur origine
« d'un paysan d'Argenteuil dont il est question dans l'Abbé
« Lebœuf, tome IV, page 16. Il fut assassiné par les Huguenots;
« et c'est le plus beau de leur histoire. De quoi se mêlent-ils,
« à propos d'héraldique et de généalogies! »
(*Extrait d'une lettre du Mis de Créquy, fils de l'Auteur.*)

échafaudage élevé dans le port de Marseille, afin d'y voir lancer à la mer un vaisseau de l'amirauté; il venait d'avancer la main pour soutenir ce jeune garçon qui marchait pour s'en aller, en riant aux anges, et qui venait de trébucher sur les bords de l'échafaud. — Grand merci, Monsieur, lui dit ce petit crêté, et d'autant plus que je suis la seule personne de qualité que vous en ayez fait descendre.

— Holà ho! mon beau page sans barbe, lui dit la terrible Éminence, êtes-vous encore ou déjà Connétable de Lesdiguières pour être si haut à la main vis-à-vis d'un prêtre?

— J'ai là vos deux cousins de La Porte, qui sont mes pages, et je ne le suis de personne, lui répliqua l'autre; mais voici mon oncle l'Archevêque, qui vous répondra pour le mieux. — J'y vais, j'y vais, cria-t-il à son gouverneur. — C'était M. le Cardinal avec qui j'étais en civilités sur le fait des gentilshommes et des échafauds.

— Bien lui valut de n'être qu'un écolier, disait Mme de Coulanges, et sa pauvre mère en frémissait encore au bout de quarante ans, après la mort du Cardinal.

L'autre histoire de Mme de Coulanges était que la Reine Anne d'Autriche parlait un jour de tout ce qu'elle avait souffert pendant sa première grossesse, c'est-à-dire celle de Louis XIV, qui n'avait, disait-elle, fait autre chose que de la trépigner comme un enragé. — Il est fils du Roi Louis XIII, se prit à dire M. de Poix; il avait de qui tenir pour donner des coups de pieds dans le ventre à sa mère.....

Pour en finir avec toutes les sorties de ce Maréchal, je vous en vais rapporter une que je crois inédite et que mon oncle de Froulay tenait du bonhomme la Quintinie, lequel avait été présent à cette espèce de scène. Vous saurez donc que le Maréchal de Créquy se trouvait un jour à côté du Roi Louis XIV sur la grande terrasse du château de Versailles, et que c'était par un temps sauvage.

— Ne vous rappelez-vous point, Messieurs, dit S. M., qu'en place de cette belle façade il y avait jadis un moulin à vent? — Si le moulin a disparu, le vent est resté, répondit le maréchal. — Couvrez-vous, mon Cousin, répliqua vivement S. M. Pour vous garantir des fluxions, il ne suffit pas des lauriers que vous avez rapportés de Kochberg et de Fribourg. Mettez votre chapeau; je vous l'ordonne. Le Maréchal n'en voulut rien faire; il objecta brusquement qu'il n'était ni plus décrépit ni plus grand Seigneur que son cousin le Duc d'Albret; que ce serait lui donner un ridicule à tout jamais, si personne autre que le Roi et lui n'étaient couverts, et qu'il n'en resterait pas moins chapeau bas si M. d'Albret ne se couvrait point, ainsi que M. le Duc de la Meilleraye, ajouta-t-il en se retournant et s'inclinant avec une méchanceté cruelle. — Je n'aime que les beaux pays et les anciens châteaux, poursuivit-il en rûchonnant; vous aurez beau faire avec votre Versailles, ce ne sera jamais qu'un favori sans mérite.

Rentrons au plus tôt dans le cycle solaire et les indictions de l'année 1752, où Mathieu Laensberg avait prédit qu'il mourrait *un grand de la terre en état d'enfance et d'infirmité mentale.*

Le Duc d'Orléans, neveu de Louis XIV et Régent de France, était mort à 49 ans dans la décrépitude. Son fils mourut, à 48 ans et quelques mois, dans un état d'affaiblissement complet du corps et de l'esprit. Il avait toujours été nigaud, bigot, maniaque et souffreteux, brèche-dent, caliborgnon, punais. (Il avait eu pour femme une petite princesse de Baden, qui en était morte à la peine.) Il était devenu follement scrupuleux et risiblement pédant.

Après avoir appris quelques mots de grec, on lui persuada sans difficulté qu'il était un savant helléniste, et après s'être donné bien de la peine pour apprendre à lire, tant bien que mal, l'alphabet de la langue hébraïque, il se crut un fameux docteur, un père de l'Église, un saint Grégoire de Nazianze. Il avait mis sur la liste de ses pensionnaires un ou deux cuistres, au nombre desquels était un M. Ladvocat, dont les flagorneries achevèrent de lui brouiller la cervelle.

Imaginez que, pour édifier son monde au Palais-Royal, il se rendait de sa chambre à sa chapelle en se traînant à genoux sur les parquets. Lorsqu'il rencontrait dans les rues de Paris le saint Viatique, il descendait de son carrosse et s'agenouillait, ce qui jusque-là n'aurait eu rien d'étonnant, puisqu'il n'aurait fait que se conformer à l'usage de nos princes, mais c'est qu'il voulait ensuite accompagner le Saint-Sacrement chez tous les malades; il entrait dans leurs chambres avec le confesseur et les saintes huiles; il se mettait à leur débiter des homélies. (On leur disait que c'était Monseigneur le Duc d'Orléans.) Les uns s'en impatientaient, les autres en avaient peur, et le plus grand nombre en étaient surpris et distraits au point d'en inquiéter les parens chrétiens et tous les ecclésiastiques ayant charge d'âmes. M. l'Archevêque en porta plainte au Cardinal de Fleury, et le Roi se crut obligé de lui défendre expressément d'aller s'impatroniser de la sorte au chevet des pauvres mourans pour les prêcher sans mission, avec une ardeur de zèle aussi peu profitable à la sanctification des âmes qu'à la santé corporelle.

Ce fut un grand coup d'échec qui décida M. le Duc d'Orléans à se retirer tout-à-fait du monde, et jusqu'à sa mort il en a tenu constamment rigueur à S. M. Il alla bientôt s'établir dans un vilain petit réduit qui touchait d'un côté à l'église de Saint-Etienne-du-Mont, et qui communiquait de l'autre à la vieille église de Sainte-Geneviève. Il se fit pratiquer des trouées aboutissantes à deux tribunes qu'il fit construire dans les deux églises; il ne voulait plus sortir de là, sinon pour assister à son conseil, qu'il faisait tenir dans une salle basse de l'abbaye de Sainte-Geneviève; il y passa dix-neuf années consécutives, et à l'époque de sa mort il y avait bien sept à huit ans qu'il n'avait remis les pieds chez le Roi, ni dans le Palais-Royal d'Orléans, ni dans aucune autre habitation de son apanage. On n'aurait pas imaginé ce qu'il y pouvait faire; mais de temps à autre on voyait pointer une lettre édifiante en forme de relation niaise et boursouflée qui soulevait un coin du voile, et l'on apprenait que S. A. S. *mettait habituellement de l'eau dans sa soupe sous prétexte de la refroidir, mais, en effet, par un principe de mortification* (1). Une autre fois on avait la satisfaction d'être informé par la même voie que ce grand Prince avait eu la générosité d'acquérir la fameuse recette du sieur Briochat contre les punaises, et celle du Roi de Benin contre la morsure des scorpions ; ce qu'on allait publier incessamment dans l'intérêt des sujets français. — *Méridionaux*, ajouta la Reine de France, au sujet des scorpions. Il avait griffonné pour le moins quarante volumes de rapsodies sur le *Késouch Emouna*, sur les *Exaples* et sur la *Chaîne* du Père Cordier, sans compter des paraphrases et des dissertations sur la *Somme* de saint Thomas, avec des écritures à n'en plus finir contre les spectacles et les bals masqués. On voit qu'il se penchait et qu'il avait versé d'un autre côté que M. son père. Il avait légué tous ces beaux ouvrages au couvent des jacobins de la rue Saint-Dominique ; mais ces bons religieux lui ont rendu le service de n'en pas faire imprimer une ligne. Enfin sa manie prédominante était de ne pas vouloir accorder ni se laisser dire que personne fût mort. Ses gens d'affaires en étaient souvent embarrassés, et tout le monde a su comment il avait fait une scène à M. de Silhouette, son chancelier, parce que celui-ci avait osé parler devant lui d'une réclamation de feu Monseigneur le Régent contre le feu Roi d'Espagne.

— Qu'appelez-vous, Monsieur, le *feu* Roi, le

---

(1) *Voyez* l'abbé Ladvocat, Dictionnaire historique portatif; Moréri, art. LOUIS ; le Prince vertueux ; le supplément aux Nouvelles de Paris, etc. *Voyez* également un éloge *officiel* de ce prince, à la fin de ce IIIe volume.

feu Duc d'Orléans?... Que voulez-vous dire avec ce mot *feu*? Ces deux Princes ne sont point morts, Monsieur! Il n'y a de mort en eux que leur enveloppe charnelle; leur âme n'est point morte et ne mourra jamais! Prenez garde à ce que vous direz contre l'immortalité de l'âme en ma présence, et sachez bien que si je vous entends blasphémer de la sorte encore une autre fois, je ne me contenterai pas de vous éloigner de mon conseil, mais j'irai vous dénoncer moi-même au Procureur-Général, à M. le Cardinal, au Roi, s'il le faut, au Roi lui-même!

Il est asssez curieux que cette étrange manie de M. Le Duc d'Orléans se soit propagée sur une de ses nièces, Mademoiselle de Sens, à qui l'on n'osait jamais remettre ses lettres et billets, parce qu'il y avait toujours à craindre qu'ils ne lui apprissent la mort de quelqu'un, n'importe qui. Aussi brûlait-on journellement ses lettres et sans les ouvrir, à moins qu'elles ne lui fussent adressées DE PAR LE ROI, ce qui n'arrivait pas souvent. On n'y faisait chez elle aucune sorte d'exception, pas même pour les billets de M. le Duc de Bourbon, son frère, lequel en témoignait souvent de l'impatience.

Mademoiselle de Sens avait eu pourtant la précaution d'ordonner qu'on lui présentât certaines lettres où l'on verrait des *poissons* sur le cachet. C'était dans la flatteuse espérance de recevoir quelques mots bienveillans de Madame de Pompadour, dont les armes parlantes étaient, comme on sait, *trois poissons d'or en champ d'azur*; mais cette favorite était morte depuis long-temps avant qu'on eût osé l'annoncer à la Princesse.

Il arriva la plus singulière chose du monde à ses funérailles, où tout le monde affirmait qu'elle avait remué les bras et levé les mains pour se moucher pendant tout le temps qu'elle fut exposée sur son lit de parade. Il se trouva que c'était une manœuvre de femmes de chambre, afin de ne pas laisser gâter les beaux habits dont on avait revêtu son cadavre, et parce qu'elle était morte d'un abcès au cerveau qui lui coulait par le nez. Une de ses filles de garde-robe était cachée derrière le catafalque, et passait de temps en temps, sous le beau peignoir de dentelle de sa maîtresse, une main gantée qui tenait un mouchoir; et puis elle essuyait le visage de la défunte, afin de remédier autant que possible à cet inconvénient qui mettait les héritières de sa garde-robe au désespoir. On disait que rien n'avait été d'un plus étrange effet que cette vision, dont le peuple de notre quartier n'a jamais voulu recevoir, accueillir, ni même écouter aucune explication raisonnable. M{ie} Dupont vous dira quand vous voudrez que la vieille Princesse de Sens avait beau faire signe que son mal était dans sa tête, qu'on n'a pas eu l'air d'y prendre garde et que le Docteur Bouvard l'a fait enterrer vivante. Était-ce opiniâtreté pure et simple? était-ce excès de méchanceté? Voilà tout ce qui reste en discussion. M{le} Dupont ne doute pas que ce ne fût par malice (1).

(1) Le nom de Mlle Dupont reviendra souvent dans la partie de ces Mémoires qui se rapporte à la révolution française et à l'époque de la terreur. On verra qu'elle était la femme d'un

Les erreurs favorables, si nombreuses qu'elles soient, font encore moins de dupes que la malveillance, et, du reste, on revient toujours des premières avec facilité. Vous avez pu remarquer que ladite demoiselle Dupont ne manque pas d'esprit naturel, et je me souviendrai toujours d'une réponse qu'elle osa faire à l'Évêque de Ruremonde en sortant du catéchisme. — Mon enfant, qu'est-ce que vous portez là ? lui demanda-t-il. (Elle avait une image encadrée dans la main avec 9 ou 10 ans sur la tête.) — Ah! ah! c'est un portrait de M. Vincent? reprit le vieux janséniste. C'est un bel objet que votre M. Vincent! — Mais, Monseigneur, il est aussi vénérable que votre M. Pâris, et pour le moins! lui répliqua-t-elle avec autant d'équité que de présence d'esprit.

Je vous préviens que tous les quesnellistes en sont restés là sur le Bienheureux Vincent de Paul, dont ils ne veulent jamais admettre ni la sainteté ni la canonisation. Ils ne sauraient lui pardonner sa déclaration contre *l'Augustinus*, et si vous en voulez faire l'épreuve, il est suffisant d'en parler avec le premier venu des jansénistes: vous verrez qu'il en est encore à *monsieur Vincent*.

Les seules personnes avec qui le Duc Louis d'Orléans fût resté en relations plus ou moins fréquentes étaient le Marquis de Paulmy, à qui ce prince écrivait continuellement pour le questionner, parce qu'il était (M. de Paulmy) *père temporel* des

---

valet de chambre de Mme de Créquy, et tante de la célèbre Mme Roland.

capucins de Paris, c'est-à-dire administrateur de leurs maisons, du produit de leurs quêtes et du reste de leur pécule (1). M. de Paulmy lui répondait toujours qu'il n'entendait rien à la théologie, et ceci n'empêchait pas le Duc d'Orléans de lui soumettre encore des problèmes tels que ceux-ci, par exemple : « *La Grâce est-elle chrétienne ?* et comment faut-il « entendre la maxime de saint Paul : *Il vaut mieux* « *se marier que de brûler ?* » — Remariez-vous, lui répondait M. de Paulmy. Mais ceci n'aurait pas fait le compte de notre pédant, qui ne voulait qu'argumenter sur la Vulgate et la version des Septante.

L'autre confident de ce Prince imbécile était le vieux Duc d'Aumont qui faisait le puriste, et auquel il ne manquait jamais de soumettre toutes sortes de difficultés grammaticales. (En fait de beaux parleurs, je me souviendrai toujours d'un huissier de la chambre du Roi qui disait un jour à mon fils, lequel avait failli se trouver mal et s'appuyait contre un pilastre du lit de S. M. : — Je vous

---

(1) Antoine-René de Voyer de Paulmy d'Argenson, Marquis de Paulmy, Chancelier garde-des-sceaux et grand'croix de l'ordre royal et militaire de Saint-Louis, l'un des 40 de l'Académie française, etc. C'était un savant très gauche, un entêté bibliomane, et du reste un très digne homme. Il a marié sa fille unique, Adélaïde-Geneviève de Voyer, au Duc de Luxembourg, ce dont il est résulté deux enfans, savoir : une fille mariée avec Don Louis de Portugal, Duc de Cadaval, et un fils qu'on élevait à l'Arsenal, chez M. de Paulmy, son grand-père, où il a passé toute son enfance habillé en capucin. C'est le Duc de Luxembourg d'aujourd'hui. Vous ne vous en seriez sûrement pas douté ; mais je ne doute pas qu'il ne s'en souvienne.

(*Note de l'Auteur*, 1802.)

observe, Monsieur le Marquis, que vous *profanisez* la chambre du Roi. — Monsieur, lui dit votre père, en reprenant sa vivacité naturelle avec son aplomb, je ne manquerai pas de *préconer* votre zèle auprès de M. le Duc d'Aumont.) On n'a jamais rien vu d'aussi ridiculement prétentieux que ce premier Gentilhomme de la chambre, dont le Maréchal de Richelieu, son collègue, se raillait à la journée. Indépendamment de sa recherche habituelle en fait d'expressions techniques et de périphraséologie scientifique, c'était encore un amateur effréné pour les curiosités de bric-à-brac et pour toutes sortes de vieilleries ; mais bien qu'il eût acheté quatre colonnes de stuc pour du marbre antique, et bien qu'il eût payé des morceaux de verre de couleur pour des pierres précieuses, il ne s'en croyait pas moins un habile archéologue. Il avait une double voix du haut en bas, d'abord aiguë, perçante et criarde, et puis sourdement étouffée, ce qui faisait dire au Duc de Noailles que, pendant que sa mère était grosse de lui, elle avait eu envie de la machine de Marly ; et du reste il était horriblement négligé dans sa toilette, à dessein d'avoir la mine d'un savant. Le Maréchal de Richelieu lui disait un jour : — Duc d'Aumont, Dieu t'a fait bon gentilhomme et le Roi t'a fait Duc et Pair ; M. le Duc de Bourbon t'a fait cornard et c'est Mme la Duchesse d'Orléans qui t'a fait faire cordon-bleu. C'est moi qui t'avais fait et reçu Chevalier de Saint-Louis, à telle enseigne que je t'ai embrassé ce jour-là, mon bon ami ! fais donc quelque chose pour toi, fais-toi la barbe.

CHAPITRE VI.

Regrets et découragement de l'auteur. — Scandales contemporains. — Présentation de Mme de Pompadour à Versailles. — Son portrait. — Protocole à l'usage de Mme de Pompadour. — La *Pomponière* de la Reine. — Visite chez Mme de Pompadour. — Une ariette d'Irphise. — Le Marquis de Marigny. — Le Duc d'Orléans. — Son théâtre grivois. — Sa première femme et ses maîtresses. — La Duchesse d'Orléans et ses poésies. — Son portrait. — Quelques aventures de cette princesse. — Société du Palais-Royal. — M. et Mme de Polignac. — Mme de Coislin. — M. d'Osmond-le-Malencontreux. — La Comtesse de Blot. — Son étrange afféterie. — Mme de Montesson, ses talens prétendus. — Sa bonne conduite et le mariage de sa nièce. — Le Chevalier de Tymbrune et M. de Valence. — La Comtesse de Boufflers et sa belle-fille. — La vérité sur le Masque de fer. — Le Chevalier ou Mlle d'Eon. — Sa querelle avec le Marquis de Guerchy. — Les philosophes économistes. — M. de Malesherbes. — M. de Sade. — Mme Dubarry à la plaine des Sablons. — Mlle Clairon dans *le vis-à-vis* d'une intendante. — Conséquence d'une vision pareille et prévision de la fin du monde.

J'ai vu mourir mon père et mes tantes; j'ai perdu mon mari et l'aîné de mes petits-fils. Si je reprends quelquefois la plume après une suite d'émotions et de préoccupations si douloureuses, ce sera comme passe-temps, pour essayer de me distraire. La tâche que j'avais entreprise est devenue sans objet, sans but et sans intérêt pour moi ; si j'ai le courage de la continuer, ce sera sans suite et sans méthode (1).

———

On a vu la Princesse de Conty (Louise d'Orléans) présenter la femme d'un receveur des finances à Versailles, et l'on croyait que le blâme et la surprise n'iraient jamais par-delà. Mme Le Normand d'Étioles a fini par être titrée Duchesse de Pompadour, et ce qu'il y a d'admirablement curieux, c'est qu'elle a eu le bon goût et la retenue de n'en vouloir jamais porter ni le titre ni les insignes (2).

———

On peut aller voir un neveu de la Princesse de Conty, un premier Prince du sang, qui joue des parades à Bagnolet, de pair à confrère avec les plus

(1) Louis-Marie-Charles-Arras-Adrien de Créquy, mort en 1747, avait laissé plusieurs ouvrages sur la guerre, et notamment un éloge historique du Maréchal de Catinat, qui fut imprimé en 1745 à Amsterdam, d'après une version fautive et dérobée par le sieur Arnauld, son secrétaire. Sa veuve a fait réimprimer cet excellent ouvrage en 1775. M. de Créquy n'a jamais été l'auteur d'un volume intitulé *Principes philosophiques*, imprimé sous la rubrique de Madrid, et publié sous le nom du *Marquis de Créquy* en 1792, et ce même livre a été désavoué également par son fils dans les gazettes de cette année. Une autre édition de ce dernier ouvrage a paru sous la même rubrique de Madrid en 1799. On avait eu lieu d'attribuer l'ouvrage et son faux titre à un M. Delangle, auteur d'un *Voyage en Espagne* et de quelques opuscules. (*Note de l'Auteur*, 1799.)

(2) Elle avait seulement fait changer ses armes qui étaient originairement *parlantes*, et s'était fait octroyer par *lettres royaux* les anciennes armoiries du fief de Pompadour, qui sont trois Tourilles d'or en champ de sinople. (*Note de l'Aut.*)

misérables espèces du monde, avec le comédien Granval entre autres. C'est dans une suite de farces grivoises, ouvrées par le sieur Collé, célèbre amphigouriste, et c'est uniquement à l'usage de la maison d'Orléans. Le lieutenant de police ne souffrirait pas qu'on étalât pareilles ordures sur les tréteaux des foires Saint-Laurent ou Saint-Germain.

Cette Princesse de Conty (née d'Orléans) avait une fille, laquelle était la femme de son cousin-germain, le Duc d'Orléans d'aujourd'hui. Cette femme est morte, et l'on a trouvé dans sa cassette un recueil de satires et d'horribles chansons qu'elle avait composées. Elles ne sauraient être transcrites par la plume d'une autre femme, et surtout d'une femme chrétienne. Je n'en pourrais citer que ce commencement d'un couplet qui s'adressait à son mari :

« Monseigneur d'Orléans,
« Vos prétendus enfans
« Sont l'objet du mepris
« De tout Paris ! »

Monseigneur d'Orléans n'a fait qu'en rire, et tous les habitués du Palais-Royal ont pris copie de ce même recueil de poésies, que la princesse avait intitulé : MON TESTAMENT.

Le directeur-général de la librairie, M. Lamoignon de Malesherbes, est un économiste admirable ! Il autorise l'impression des mauvais livres, afin d'empêcher leur introduction par l'étranger, ce qui nous exposerait à l'exportation d'une partie du numéraire. Il a permis le débit d'un ouvrage où l'on ose dire qu'un prisonnier de la Bastille, un intrigant et insolent Italien, devait être un bâtard de la Reine de France, Anne d'Autriche (la plus dévotement régulière, la plus sagement édifiante et la plus digne Princesse de son temps). On y dit aussi que le Roi Louis XIV, frère naturel de ce bâtard, lui faisait porter un *masque de fer.* Je reviendrai bientôt sur les intrigues et la punition de ce comte Mattioli (1).

M. de Guerchy, notre ambassadeur à Londres, a refusé de mesurer son épée contre celle d'un Chevalier de Saint-Louis. On a dit à cet officier supérieur de dragons qu'il était une vieille fille, et que s'il refusait d'en convenir on lui retirerait la pension qu'il avait gagnée par vingt ans de service en qualité de Ministre plénipotentiaire, sans compter qu'on l'emprisonnerait à la Bastille. Le Chevalier d'Eon vient de s'habiller en femme, et ce qu'il en résulte d'avantageux pour l'Etat, c'est que le Comte et le Marquis de Guerchy n'auront pas la contrariété de se battre en duel.

A propos de Marquis et de combat singulier, voilà qu'on vient d'ériger une terre en Marquisat pour le fils d'un anobli, lequel avait signifié qu'il ne voulait pas se battre (après avoir été soufflété).

(1) J'écrivais ceci long-temps avant la révolution, sous l'influence de mes prévisions sinistres et dans une juste irritation contre les erreurs philosophiques de M. de Malesherbes.
Je reconnais qu'il a noblement réparé ses torts de suffisance et son imprudence. (*Note de l'Auteur*, 1797.)

Ce n'est pas encore là ce que M. de Villette avait souffert et commis de plus déshonorant.

Il est malheureusement vrai que l'exercice de la puissance et l'excès de la prospérité, les mauvais exemples, les flatteries, les lâches condescendances peuvent dénaturer les plus belles âmes et peuvent égarer les meilleurs princes. J'ai voulu mener mon fils à la revue de la maison du Roi, plaine des Sablons. On y voyait la Maréchale de Mirepoix (cousine de la Sainte-Vierge), tête à tête avec Mme Dubarry, dans un large carrosse à panneaux blasonnés, avec le cri des anciens Barrymore : *Boutez-en-Avant*. J'ai fait tourner bride à mon équipage, et je suis rentrée chez moi si honteuse et si consternée que j'en ai fait fermer ma porte et que j'en ai larmoyé d'humiliation.

Le Procureur-général au Parlememt de Provence est assurément un magistrat digne de confiance et digne de foi. Il vient d'écrire au Ministre de la maison du Roi pour lui dénoncer et lui certifier ce qui suit :

« Un gentilhomme de cette province, appelé
« M. de Sade, allait être décrété de prise de corps
« pour accusation de rapt et de violence. Il s'était
« enfui par Nice ; ses fermiers ont profité de son ab-
« sence pour faire écouler l'eau d'un étang qui les
« incommodait et qu'il avait défendu de pêcher. On
« vient d'y trouver le corps d'un jeune homme et
« celui d'une jeune fille qui sont piqués comme des
« perdrix, la jeune fille avec du lard et le jeune

« homme avec des bouts de ces petits rubans nom-
« més *faveurs*. Ils étaient attachés l'un sur l'autre
« avec des nœuds de large ruban de couleur rose.
« On n'a pu reconnaître cette malheureuse fille.
« Le garçon était natif de Monaco et n'avait pas plus
« de dix-sept ans. On informe.

« Je vous supplierai, Monseigneur (ajoute ce ma-
« gistrat), de vouloir bien considérer s'il ne serait
« pas bon de prendre les ordres du Roi, pour faire
« parler à M. le Bailly de Solar, Ambassadeur de
« Sardaigne à Paris, et pour écrire à M. le Marquis
« de Chauvelin, Ambassadeur de France à Turin, à
« l'effet d'obtenir l'extradition dudit gentilhomme.
« Il a dans ce pays la plus vilaine réputation de toute
« manière. Il est né de bonne condition, mais non
« pas de qualité. Il est parent de MM. d'Oppède,
« d'Albertas et Galifet, qui ne le veulent pas voir
« depuis des années, mais qui ne lui peuvent dénier
« cette qualité de leur parent et de gentilhomme
« de bonne maison. Il est superflu d'ajouter que je
« remplis et remplirai le devoir de mon office sans
« acception de la naissance et sans considération des
« personnes. »

Aujourd'hui, tout le monde a pu voir Mme Bertier de Sauvigny, la femme de l'Intendant de Paris,
la bru du Premier-Président Bertier (qu'on avait mis
à la tête du parlement Maupeou), laquelle Intendante
est allée prendre la demoiselle Clairon dans son lo-
gis scénique et galant, pour la conduire, ainsi qu'en
triomphe, en la prison du For-l'Évêque, où cette fille
était attendue, pour délit d'insubordination. C'était

dans un vis-à-vis, la plus belle voiture de cette femme de robe, avec sa plus grande livrée; la comédienne à la place d'honneur et Mme l'Intendante sur le devant de cet équipage.

En quel temps vivons-nous, grand Dieu! Où vont aboutir pareils symptômes? Dans quelle désorganisation sociale et judiciaire, dans quel chaos moral et politique allons-nous tomber?

———

A l'occasion des prodiges de notre âge, si je ne vous ai rien dit sur la merveilleuse invention des aérostats, c'est que je n'imagine pas à quoi pourra servir cette belle découverte de M. Montgolfier. Jusqu'à présent il m'a semblé qu'elle n'était guère plus importante et plus utile que s'il avait imaginé de fabriquer un cerf-volant qui fût de taille à pouvoir enlever et soutenir en l'air deux ou trois hommes. Je ne comprendrai jamais qu'il y ait un avantage à pouvoir aller bien vite et bien loin, quand on ne va pas où l'on veut.

———

Je n'ai rien de particulier à dire sur Mme de Pompadour, sinon que je n'ai jamais compris comment on pouvait la trouver belle ou jolie. Ces messieurs disaient qu'elle avait été de la plus aimable fraîcheur et d'une vivacité charmante; mais c'était vraisemblablement à l'époque de sa première jeunesse et de sa faveur cachée, d'où vient que je ne le saurais témoigner. Je n'aurais pu la rencontrer alors que dans les salles de spectacle, où je n'allais pas, et dans les églises, où, ce me semble, elle ne paraissait guère. Enfin, quand je l'ai vue pour la première fois, c'était dans la galerie de Versailles, et le jour de sa présentation.

C'était une petite personne assez chétive avec des yeux tirant sur le bleu, mais des plus ternes ; des cheveux jaunes environ de la couleur de sa peau, ce qui faisait que le grand deuil (sans poudre et sans rouge) était un rude écueil pour elle. Les cils de ses paupières étaient exigus, inégaux et rares ; elle avait deux marques rouges à la place où il aurait dû se trouver des sourcils ; elle avait des dents comme on en peut avoir avec des morceaux d'ivoire et des fils d'or, moyennant un rouleau de cinquante louis. Elle avait aussi des mains écourtées, ignobles, et ses pieds mal attachés et rabougris, plutôt que mignons, étaient ridiculement tournés en dehors, à la façon *chorégraphique*. Enfin cette amante adorée du plus grand monarque et du plus beau prince de la terre avait toujours l'air souffreteux, la mine afflictive, et le propos languissant.

Il est à remarquer que Mme de Pompadour prenait la physionomie la plus inquiète et la plus troublée tout aussitôt qu'elle se trouvait en regard avec une femme de bien, et c'était depuis la Reine Marie de Pologne, jusqu'à sa pomponière, Mlle Sublet, qui, lorsque la toilette de la Reine était finie, ne sortait jamais de la chapelle de Versailles que pour aller prendre ses repas, ou pour aller se coucher dans la garde-robe de la Reine, à sept heures et demie du soir. Heureusement que la Reine ne faisait jamais de seconde toilette.

Nous faisions quelquefois la partie de plaisir d'aller surprendre Mlle Sublet dans son établissement nocturne, où sa couchette était tout obombrée par des buis desséchés, comme dans un bosquet, et sous un berceau de rameaux bénis. C'était certainement bien la plus dévote, la plus familière et la plus étrange personne qui ait jamais été chargée d'attacher des pompons sur une tête couronnée.

Le roi Louis XV ne demandait pas mieux que de faire des enfantillages, et voici qu'il nous dit, par un beau soir d'été : — Allons donc contempler mam'selle Sublet.

— Vous la trouverez, lui dit la Reine, en tête-à-tête avec un buste de Votre Majesté, qu'elle a fait portraire en sucre d'orge.

— Voilà qui va le mieux du monde, et nous allons le manger, répondit-il.

La Reine me pousse dans cette chambre, et je m'écrie : — Sublet, le Roi m'envoie pour vous demander si vous n'avez pas attrapé un coup de soleil en vous déshabillant pour vous coucher.

— Quelle heure est-il ?.... Est-ce que le Roi va rester cette nuit auprès de la Reine? me dit cette bonne fille en se mettant au séant avec un sursaut de jubilation. Le Roi, qui était derrière moi, se tenait à moi par la pointe de ma manchette (à l'engageante), et je répondis à Mlle Sublet, avec assez d'embarras, qu'il était neuf heures sonnées. Vous pensez bien que je n'avais rien à lui répondre au surplus.

— Imaginez, reprit-elle en faisant le signe de la croix, imaginez que le Roi n'a pas couché céans depuis plus de six semaines!

— Mais, Sublet, repris-je en m'empressant de l'interrompre, qu'est-ce donc que cette petite chapelle sur votre commode?..........

— C'est un portrait du Roi, dit-elle, avec toute sorte de petites choses et puis des pompons de la Reine hors de service, entre deux flambeaux garnis de leurs bougies, comme vous voyez, couleur de rose et chaperonnées à la sultane en soie parfumée, qui sont des bougies de l'oratoire et du prie-dieu de ma bonne maîtresse... J'y mettais l'année passée des bouquets superbes, mais, par ma foi! je suis trop en colère contre lui!... Voyez-vous qu'il n'a seulement pas une seule petite fleur dans ces deux fioles à médecine?

— C'est, ma foi! vrai, répondis-je.

— Je lui avais mis à l'automne passé deux pommes d'api tout à côté de son petit buste, mais je les lui ai retirées; je les ai fait manger à la petite Marchais, à cause du cordon bleu de ce Marquis Poisson de Marigny, qu'on a dit qu'il était trop petit pour le mettre au bleu...

J'étais sur les épines, ainsi qu'il est aisé de le penser. — Vous voyez bien cette belle orange, n'est-ce pas? Une orange que j'avais prise au buffet du Grand-Commun pour la mettre devant lui... Eh bien! s'écria-t-elle encore avec un ton de ressentiment passionné, je finirai par la manger s'il continue, par la manger à son nez et à sa barbe!

— Je te la mangerai, ton orange, poursuivit-elle en apostrophant son roi de sucre d'orge et serrant les dents en gesticulant à poings fermés.

Elle était si transportée d'exaspération que je

m'attendais à l'entendre nommer certain masque femelle, et que je me retournai précipitamment du côté de Leurs Majestés, qui m'avaient déjà devancée dans la chambre de parade, où je trouvai la pauvre Reine avec les yeux bien rouges et le cœur bien oppressé.

Le Roi nous parut singulièrement triste, mais sans aucun air d'irritation. — Je vous demanderai la permission de me retirer dans mon oratoire, attendu que je dois communier demain matin, lui dit la Reine avec une douceur ineffable... Le Roi lui baisa la main, qu'il appliqua sur son cœur en la regardant d'un œil attendri; il eut soin d'ajouter qu'il ne manquerait pas de venir le lendemain souper chez elle; et puis il se rendit auprès de Mme de Pompadour, qui logeait au château depuis deux ou trois mois, déjà.

— Je n'ordonne, je ne conseille à personne, et je ne vous demanderai jamais d'aller chez qui vous savez, me dit la Reine; mais si vous aviez, comme je n'en doute point, l'intention de lui rendre la visite qu'elle est allée vous faire à Paris (elle qui n'en fait jamais à Versailles!) il me paraîtrait de bon goût que ce fût en ce moment-ci. Ne le pensez-vous pas?

J'allais me regimber, lorsqu'elle ajouta : — C'est un attrait d'esprit et de pure amitié; voilà ce que nous en devons penser charitablement, en bonnes chrétiennes, en bonnes Françaises; et si vous allez chez Mme de Pompadour à cette heure, il est certain que cela va faire plaisir au Roi.

Au fait, elle était venue huit jours auparavant

pour se faire écrire à ma porte en qualité de Grands d'Espagne, à titre de consœur, et tout de suite après la réception de son diplôme. Il était bien difficile que je ne fusse pas lui rendre sa visite : un peu plus tard, un peu plus tôt, ce n'était qu'une affaire de quelques jours ; enfin, j'avouerai que je ne fus pas insensible à cette petite vanité de causer quelque satisfaction à cet aimable prince que j'aimais tant ! La Reine m'embrasse, et je me fais porter dans la cour des Ministres. On m'annonce, et Mme de Pompadour arrive au-devant de moi jusqu'à sa première porte, avec un air de surprise et de joie qu'elle avait grand'peine à comprimer. Elle me voulut absolument faire asseoir au-dessus d'elle, au plus près du Roi, qui faisait sa partie d'hombre avec l'Ambassadrice d'Espagne et le Duc de Saint-Aignan, lesquels se tutoyaient comme deux petits bourgeois, en signe de parité de leur grandesse, ainsi qu'ils auraient fait à l'Escurial, et quoiqu'ils fussent dans le château de Versailles, où l'étiquette a toujours été de ne tutoyer personne en présence de Leurs Majestés. Cette Ambassadrice d'Espagne était Dona Marie-Bénédicte Alvarez de Tolède, Duchesse d'Huescar et Connétable héréditaire de Navarre (1).

(1) Je crois devoir ajouter cette note à propos du Duc de Saint-Aignan dont je vous parle, et dont voici les noms avec les titres héréditaires : Paul-Hippolyte-Henry de Beauvilliers, Châtelain de Beauvilliers, Duc de Saint-Aignan, Comte de Busançois, de Montrésor, de Chaumont-sur-Loire et de Palluau, Vicomte de Valognes et Grand-Bailly de Caux, Baron de la Ferté-Saint-Aignan, Humbligny, Luçay, Chemezy, Neufores et autres lieux ; Pair et Grand Arpentor de France, Grand d'Espagne et premier

Mme de Pompadour commença par me *rendre grâces au sujet de l'honneur que je lui voulais bien faire;* ce furent ses propres paroles où je n'avais rien à contredire, et je m'empressai d'y tourner court en lui parlant d'autre chose, et notamment du Bailly de Froulay, qui venait d'arriver comme ambassadeur de la Religion de Malte auprès du Roi. Lorsque nous eûmes assez parlé d'un scélérat d'autour maltais que mon pauvre oncle avait dû présenter pour tribut à Sa Majesté, et dont les ongles avaient cruellement déchiré son poignet et son avant-bras, nonobstant son gant de buffle à la fauconnière, la partie du Roi se trouva terminée,

---

Baron de Berry; Chevalier des Ordres du Roi, Gouverneur de Bourgogne, de Bresse et de Bugey pour Sa Majesté; l'un des quarante de l'Académie française, membre honoraire de celle des Inscriptions, etc., etc., etc.

Il est inutile de vous dire que cette ancienne famille berrichonne est sans aucun rapport d'origine, alliance ou parentage avec les Saint-Aignan de Normandie, qui ne sont que des gentilshommes à simple tonsure, et bien moins encore avec une famille de roturiers bretons qui s'avisent d'arborer le même nom de Saint-Aignan. Ces derniers proviennent d'un architecte nantais, nommé Rousseau, dont le fils aîné vient de parvenir à certains priviléges de la noblesse, à raison d'une petite charge à la Chambre des comptes de Nantes. La Duchesse de Beauvilliers m'a dit en gémissant que ce nom qu'ils viennent de prendre est celui d'une petite ferme, et que les véritables Saint-Aignan ne savent que faire à cela. (*Note de l'Auteur.*)

La maison de Beauvilliers-Saint-Aignan vient de s'éteindre; et nous ajoutons, pour éviter les malentendus qui pourraient en résulter parmi les généalogistes, que M. le Comte de Saint-Aignan, Pair de France à la nomination du Roi Louis-Philippe, est le petit-fils légitime et principal héritier de l'auditeur des comptes et de l'architecte en question. (*Note de l'Éditeur.*)

et, sur la demande de Sa Majesté, Mme de Pompadour alla se mettre à son clavecin.

— Je donnerais je ne sais pas quoi pour avoir le plaisir de l'entendre vous tutoyer, vint me dire le Maréchal de Richelieu.

— Elle n'est Grande d'Espagne que de la troisième classe : ainsi vous n'aurez pas ce divertissement-là ; allez vous promener, lui répondis-je. Ne venez pas me faire perdre contenance, et laissez-moi tranquille.

Le Maréchal de Richelieu s'en fut à l'autre bout du cabinet, où toute la compagnie se tenait groupée non loin du clavecin, pour être à portée de Sa Majesté. Je n'avais pas manqué de me lever parce que le Roi n'était plus assis ; mais je restai de pied ferme à la même place, et voilà que j'entendis chanter par Mme de Pompadour :

« Ah ! que ma voix me devient chère
« Depuis que mon berger se plaît à l'écouter !

Ceci me parut avoir une intention de galanterie tellement directe et tellement déplacée devant moi que j'en fus troublée, honteuse, et que j'en devins *toute refrognée*, suivant l'expression du Richelieu.

Le Roi sembla prendre garde à mon air de sécheresse, et je ne m'en étourdis pas le moins du monde. A peine Mme de Pompadour eut-elle achevé ses applications galantes et son ariette d'Irphise, que je m'avançai pour faire à Sa Majesté mes révérences à reculons, comme si c'était d'un cabinet du Roi que j'allasse sortir : je me retirai sans dire une seule parole; enfin, je me laissai reconduire par cette pastourelle jusqu'à la deuxième porte, et superbement, sans difficulté ni contestation. C'était la première et c'est la dernière fois que je sois allée chez Mme de Pompadour; mais ce fut une entrevue qui, grâce à l'indiscrétion du Maréchal de Richelieu, ne laissa pas de fournir matière aux observations de la cour et aux conversations de la ville.

On a su depuis que c'était le Roi qui avait prié Mme de Pompadour de nous répéter le morceau de musique en question, qui passait pour son air de triomphe; on ajoutait que c'était à dessein de la faire valoir, en préoccupation d'elle, en distraction des autres, et sans penser à ce que les paroles de cette ariette auraient à présenter de malséant, par allusion.

Si je m'en trouvai blessée, c'était surtout à raison de cet oubli des convenances, inouï chez Mme de Pompadour; car en apparence elle ne s'en départait jamais. On est obligé de convenir qu'elle a toujours été d'une tenue parfaite et d'une réserve exquise. Le bon goût, l'extérieur de modestie respectueuse et les airs délicats étaient sa distinction naturelle et véritable. C'est en cela que devait consister son principal attrait.

Mme de Pompadour avait fait acheter je ne sais quel terrain qui m'appartenait et qui touchait au jardin de son hôtel, aujourd'hui l'Élysée-Bourbon. On ne sera peut-être pas fâché de savoir au juste quelle était la situation légale et nobiliaire de cette favorite, et voici comment elle est qualifiée dans ledit contrat : « *Très Haute et Puissante Dame, Madame*

« *Jeanne-Antoinette Poisson, Duchesse à bret et, Grande
« d'Espagne, et Dame du Palais de la Reine, Mar-
« quise de Pompadour en Limousin, Comtesse de Mé-
« nars en Blaisois, Baronne de Bret et Première Ba-
« ronne de cette province en ladite qualité, Dame
« Châtelaine et Haute-Justicière de Malvoisin, de
« Saint-Cyr-la-Roche, de la Rivière-Saint-Elve et
« autres lieux au comté de Limoges, Dame de Malor-
« ges en Thimerais, Saint-Ouen-sur-Seine et autres
« lieux. Épouse séparée quant aux biens de Noble
« Seigneur, Messire Charles-Guillaume Le Normand,
« Seigneur d'Étioles et de la baronnie de Tournehem,
« Conseiller du Roi, Chevalier d'honneur au Présidial
« de Blois sur preuves de noblesse, ancien Receveur
« général des finances de S. M., etc. »*

Pour ne pas avoir l'air de jouter en titulature avec la femme de M. Le Normand d'Étioles, j'avais ordonné qu'on eût soin de ne marquer dans ce contrat aucune autre de mes qualifications que celle de Marquise Douairière de Créquy. Mme de Pompadour en fut plus mortifiée que je ne le saurais dire. J'avais cru n'agir qu'avec dignité, j'ignorais que ce fût un procédé de la plus cruelle insolence, et quand on m'en fit révélation, j'en fus chagrine à l'excès.

Après avoir esquissé le portrait de Mme de Pompadour (en buste et de profil s'entend), il me reste à vous parler de son estimable et bien aimable frère, Abel Poisson, Marquis de Vandières et de Marigny, Ordonnateur-général des bâtimens de la couronne et Secrétaire-Officier de l'ordre du Saint-Esprit. Il avait été le plus beau jeune homme du monde ; il était devenu l'amateur le plus studieux, le juge le plus éclairé, le protecteur le plus généreux des arts libéraux. Une élévation subite et la splendeur d'une opulence effrénée n'avaient pu dénaturer la rectitude de son jugement, la candeur de sa belle âme et la simplicité de son excellent cœur. Il avait traversé la vie et la faveur avec une sorte d'embarras si fier, avec un front si calme et si triste, avec un sourire de dédain mêlé de pitié pour les adulations dont il entendait accabler sa sœur! Long-temps après la mort de celle-ci, je l'ai vu rougir (à soixante ans), rougir de pudeur et de honte! je l'ai vu tressaillir et pâlir quand il entendait parler des Ducs d'Estrées, de la Vallière et d'Antin, à cause de l'origine de leur fortune. Je disais toujours qu'il me rappelait la source Aréthuse, et que s'il avait été naïade ou fontaine, il aurait pu traverser les mers de Sicile sans participer à leur amertume et sans altérer la pureté de ses eaux. L'expérience ne refroidit que les âmes tièdes, le malheur ne saurait dessécher que les cœurs secs, et j'ai toujours remarqué que la prospérité n'endurcissait que les cœurs durs.

Ce n'était pourtant pas que M. de Marigny fût parfait; il était mélancolique, ombrageux et terriblement susceptible. Il était d'une sécheresse admirablement persistante avec les personnes de grande qualité. Nous avions eu de la peine à l'apprivoiser, votre grand-père et moi; mais il avait fini par avoir pour nous les sentimens d'un fils, et c'était pleine justice, attendu que nous l'aimions parfaitement.

Protecteur du célèbre Soufflot, c'est à lui qu'on doit attribuer les principaux embellissemens de cette capitale, les plans de la nouvelle église Sainte-Geneviève et des barrières de Paris : constructions variées, originales et *pittoresques* (épithète qu'il avait rapportée d'Italie). La plupart de ces charmans édifices ont été fidèlement exécutés d'après les dessins de M. de Marigny. Il avait conçu la première pensée de la place Louis XV avec le nivellement des Champs-Élysées ; il a fait opérer la plantation des boulevards et jusqu'à l'ouverture de ces guichets du Carrousel qui portent son nom. (Bienfait modeste et bienfait immense!) C'est principalement à lui qu'il faut rapporter la fondation de l'École militaire, et je n'entends pas ici qu'il faille restreindre la gratitude que doit lui porter la noblesse de France à la simple édification matérielle de ce monument.

Après avoir hésité long-temps pour se marier, après avoir refusé des filles à XXXII quartiers et des millionnaires, il a fini par épouser une demoiselle Filleul, admirablement belle et sœur de Mme de Flahaut. Voici le premier couplet d'une romance qu'il avait faite à l'occasion de ses amours avec la Marquise d'Ossun (Louise Hocquart de Montfermeil), pendant qu'elle était Ambassadrice en Espagne :

« Un fonds de tristesse
« Pénètre mon cœur.
« Ma délicatesse
« Cause mon malheur.
« J'ai sujet de craindre
« Et de m'affliger ;
« Assez pour me plaindre,
« Trop peu pour changer. »

— Je vous demanderai la permission d'y faire une variante et je dirai, s'il vous plaît (c'est le Maréchal de Richelieu qui parle) :

« J'ai sujet de craindre
« Et de m'affliger ;
« Trop peu pour me plaindre,
« Assez pour changer. »

———

. . . .
. . . .
. . . .
. . . .
. . . .
. . . . Le malheureux séminariste avait déclaré que c'était une grande femme à la taille plate, la bouche plate et les pieds plats, à laquelle il manquait une dent canine, dont la figure était rongée de couperose, et dont le bas du visage était parfaitement carré. C'était la seule espèce de régularité qu'il y eût dans toute sa personne. M. l'Archevêque en fit l'objet d'une plainte formelle et d'une requête au Ministre de la maison du Roi, lequel (M. de Maurepas) donna connaissance de cette requête à M. le Duc d'Orléans, par ordre de S. M. Je ne sais trop ce qu'il en dit à sa femme ; mais le joli séminariste en resta pour sa déclaration d'enlèvement et de réclusion forcée. Je me tais du reste. Il n'est pas vrai, par exemple, qu'elle ait fait empoisonner Mlle Lecouvreur, qui devait être morte à l'époque de sa sortie de l'abbaye de Chelles, et,

dans tous les cas, long-temps avant qu'elle eût épousé son cousin d'Orléans. On aura confondu Mlle Lecouvreur avec une demoiselle Ledru, dont voici l'histoire. Elle avait débuté dans la tragédie de *Phèdre*; on savait qu'elle était passionnément éprise et cruellement jalouse du Comte de Melfort ; et tout le monde a su qu'elle avait eu l'air d'appliquer insolemment du regard et du geste, à la même Duchesse d'Orléans, ces quatre vers de son rôle :

« . . . . Je sais mes perfidies,
« Œnone, et ne suis point de ces femmes hardies
« Qui, goûtant dans le crime une tranquille paix,
« Ont su se faire un front qui ne rougit jamais! »

Elle était morte au bout de quarante-huit heures. On l'enterra sans cérémonie sur les bords de la Seine, au-dessous des Invalides, au point du jour ; et par hasard, il se trouva que Mme la Duchesse d'Orléans, qui passait de l'autre côté de la rivière, avait eu la curiosité de faire arrêter son carrosse, afin de regarder cette misérable inhumation . . . . .

Son mari l'avait fait peindre en Minerve, et le portrait de cette déesse de la sagesse, dont la mère était d'Orléans et dont le fils a si bien résumé toutes les perfections héréditaires et les illustrations de la famille (1) ; l'effigie de cette Duchesse d'Orléans,

---

(1) Il a fini par voter la mort du Roi, ce qui n'a surpris personne, et les journaux disent aujourd'hui qu'il est monté, *décadi* dernier, dix *floréal*, à la tribune de sa société des Jacobins, pour y déclarer qu'il était le fils d'un cocher de sa mère. (*Note de l'Auteur*, 1793.)

disais-je, était certainement très bien placée dans cette belle collection des portraits enluminés de la Régence et des arabesques de Bagnolet (en grisaille). On n'a rien vu de pareil à ces dessins-là, sinon dans les estampes du poëme de Longus, qui ont été dessinées et gravées par le Régent.

Indépendamment de son intempérance en faits et gestes, elle était d'une intempérance de langue à n'y pas tenir, et c'était à qui se revancherait de son arrogance offensive. A l'époque où l'on soupçonnait Mme de Coislin d'avoir imité la Duchesse de Châteauroulx, sa cousine en acceptant quelques bienfaits du Roi, cette belle Comtesse était séparée de son mari qui ne lui donnait pas grand' chose, et ceci n'empêchait pas qu'elle ne fit bâtir un des plus beaux hôtels de la place Louis XV, et qu'elle ne fût en possession d'un magnifique attelage à six chevaux blancs. La Duchesse d'Orléans s'avisa de lui demander en plein salon du Raincy : « Qui vous a donné de si beaux chevaux ? — Madame, lui répliqua la Comtesse en la regardant fixement, ce n'est pas M. de Melfort, ce n'est pas M. de Polignac, ce n'est pas le petit M. de Varennes et ce n'est pas non plus le comédien Grand-Pré. J'ai 29 ans passés, Madame, ajouta-t-elle avec son air de hauteur amère et son diable de sourire à ressorts ; je pourrais être la mère de ce petit de Varennes. . . . »

La Duchesse d'Orléans, qui aurait été la mère de Mme de Coislin, et par conséquent la grand'mère du petit jeune homme, en perdit toute contenance de femme galante et toute mesure de princesse. Elle étouffait de colère; elle en perdit la tramontane, et je ne sais plus ce qu'elle se mit à débiter sur la vénalité de certaines amours Oh! pour le coup, la fustigation devint sanglante, et cette fille des résolus Mailly *Hogne quy Vonra* (1) se prit à fixer l'injurieuse princesse et la transpercer, pour ainsi dire, avec ses regards et son nez d'aigle, en lui disant hardiment : « Je n'ai pas encore éprouvé qu'on eût besoin d'argent pour trouver des amoureux; mais ce que je sais très bien, c'est qu'il y a quinze ans (lorsque je suis entrée dans le monde), il y avait déjà long-temps que le Chevalier de Villeneuve avait reçu des boutons de diamant, des chaînes de montre en perles, et, qui pis est, une pension sur les domaines et forêts de la duché d'Estampes; et ce n'est pas moi qui suis Duchesse d'Estampes, ainsi que chacun sait. . . . . . »

Voilà ce qu'étaient devenus la courtoisie française et le bon goût parisien depuis le bel air de la Régence! voilà quelles étaient les politesses qu'on allait recevoir et qu'on rendait au Palais-Royal! tant il est vrai que les mauvaises mœurs engendrent les mauvaises paroles, et que la mauvaise conduite amène toujours les mauvais propos.

(1) Cri de guerre des Sires de Mailly, dont les armes sont des *Maillets*.

<blockquote>
Pour les Créquy, Mailly, d'Ailly,
Tels noms, telles armes et tel cry,
D'où vient qu'on dict qu'armes parlantes
Ou sont bien bonnes, ou bien meschantes.

(*La Cruthuse.*)
</blockquote>

M. le duc d'Orléans s'entremit obligeamment pour excuser sa respectable épouse auprès de Mme de Coislin, qui ne s'est jamais rencontrée volontairement avec personne de cette famille; et ceci n'est que le prologue d'une autre scène où nous l'entendrons déclamer plus éloquemment :

> « A Polignac, mon sot amant,
> « Je lègue par ce testament
> « Ses deux portraits en miniature,
> « Pour qu'il contemple sa figure, etc.

Le Polignac dont cette même princesse a si bien parlé dans ses œuvres posthumes était le mari de sa Dame d'honneur. Elle avait eu bien de la peine à triompher de sa froideur persévérante, et la preuve qu'il en était aimé véritablement, c'est qu'elle avait eu la délicatesse de lui sacrifier MM. de Ségur et de la Chétardie, M..... (je ne sais plus comment), qui était le neveu d'un suisse du Louvre, et M. Bougon, qui avait été clerc de procureur; elle avait fait de celui-ci son intendant de La Fère-en-Tardenois.
. . . . *Une page et demie raturée.* . . . .
et le petit de Varennes était mort de la poitrine, à l'âge de dix-neuf ans, tandis que le joli courtaud de boutique avait disparu sans que sa pauvre mère en ait jamais su nulle autre chose. On disait qu'il avait été forcé de s'embarquer pour les îles, et c'était la version la plus charitable.

M. de Polignac était donc le mari de cette malheureuse Dame d'honneur, que la princesse abhorrait à l'égal de la passion qu'elle avait eue pour lui quand il était jeune, et l'on ne saurait imaginer toutes les méchancetés dont elle s'avisait contre elle. C'étaient quelquefois des noirceurs abominables, c'étaient souvent des tripotages de commère, et c'étaient pour le moins des espiègleries d'écolier. En fait de malices, elle en pouvait jouer sans relâche et sur toutes les cordes de son clavier, en bémol, en dièze, en bécarre, en majeur, en mineur, et sur toutes les notes de la gamme.

— Vraiment, disait-elle un jour à l'abbé de Bernis, il est bien cruel que je ne connaisse personne qui puisse me donner un bon conseil! Voici venir le temps des étrennes; il est impossible qu'on me laisse oublier la Marquise de Polignac, et je voudrais lui donner quelque chose qui lui fit bien de la peine.

— Mais, répondit l'autre, il me semble que si Madame donnait un très beau cheval de carrosse à la marquise, elle se croirait obligée d'en acheter un pareil : avare comme elle est, elle en aurait un dépit mortel!

— Vous n'êtes qu'un imbécile avec tout votre esprit! laissez-moi donc tranquille avec votre imagination d'un cadeau de 150 louis, répliqua la princesse ; elle vendrait mon cheval d'étrennes et dirait qu'il est crevé.

Son Altesse Sérénissime se mit à courir les boutiques avec M. de Bernis, et Dieu sait tous les propos qui s'ensuivirent! On découvrit un vieux lustre en porcelaine de Saxe, lequel était si volumineux dans toutes ses dimensions, qu'il en aurait paru démesuré pour le grand salon de Marly. La Duchesse d'Orléans l'achète, on le démonte, ensuite elle en fait placer tous les morceaux dans un petit salon que sa Dame d'honneur occupait au Palais-Royal (à l'entresol). La boule en touchait le parquet, ses branches empêchaient d'ouvrir les portes et les fenêtres ; enfin les agréables figures de Colombine et d'Arlequin, d'Isabelle et du beau Léandre (qui n'avaient pas moins de quatre pieds de taille), avaient été rangées tout autour du salon, dont il avait fallu retirer tous les meubles, et tout ce qu'on pouvait faire était de circuler à grand'peine au milieu de ces charmans objets d'ornement. C'est une mystification que l'aimable Princesse a fait durer jusqu'à sa mort, et toujours sans que Mme de Polignac ait osé lui *manquer de respect* en envoyant le diable de lustre dans un de ses châteaux ou dans un grenier de son hôtel à Paris. Ce qu'il y a de plus étrange en tout ceci, c'est que la Dame d'honneur était non moins opiniâtre que la Princesse, et qu'elle voulait arracher les yeux à toutes les personnes qui lui conseilleraient de s'en aller dans son beau salon de la rue Royale, après avoir donné sa démission. C'était sûrement pour avoir égard aux supplications de M. le Duc d'Orléans, qui tenait beaucoup à conserver le nom de Polignac aux premières lignes de son almanach, la plupart de ses officiers étant de la plus médiocre noblesse.

Une autre fois Mme la Duchesse d'Orléans s'amusait à faire appliquer délicatement un petit bonnet de gaze, orné de fleurettes et de rubans couleur de rose sur la perruque poudrée d'un vieux Baron d'Estélar qui était un ancien aide-de-camp du

Prince de Conty son père, et qui venait s'endormir chez elle après dîner, avec une régularité méthodique. On le réveillait brusquement à l'heure du spectacle; on avait donné le mot d'ordre aux antichambres ainsi que dans les couloirs du théâtre (où l'on arrivait de plain-pied parce qu'il attenait au palais d'Orléans), et cet honorable officier-général allait s'exposer, dans la grande loge du *service d'honneur,* à la dérision publique, avec son béguin de fillette et son cordon rouge et la balafre qu'il avait rapportée de la bataille de Laufeld (1).

Il avait eu jadis un jeune frère dont je n'oublierai jamais la mort édifiante et la fin généreuse. Il était jésuite et missionnaire; le bâtiment qui le portait à la Chine venait de s'échouer et s'entr'ouvrir sur un écueil à fleur d'eau, en vue de l'île de Poulo-Pinang. C'était par un temps paisible et sur une mer qui n'avait rien d'intempestif; mais c'était par la méchanceté d'un pilote malais qui l'avait fait entrer à pleines voiles au milieu de cet archipel de récifs, et le traître avait commencé par s'esquiver sur le canot de ce navire.

Cependant le bâtiment s'enfonçait d'un pied par minute; il y avait quarante-deux personnes à sauver, et la chaloupe ne pouvait en contenir plus de trente-quatre (à moins de couler bas); enfin l'on n'avait ni le temps ni les moyens de confectionner

---

(1) Mme de Genlis a raconté différemment la même anecdote dans ses *Souvenirs de Félicie,* mais cette anecdote n'était pas de son temps, et la version de Mme de Créquy nous paraît la plus certaine. (*Note de l'Éditeur.*)

des radeaux, et le capitaine ordonna le tirage au sort pour le sauvetage de trente-trois hommes.

Ce capitaine était un honorable M. Magon de Boisgarin de famille malouine. Il ne fallut pas songer à le faire descendre dans la chaloupe, et son équipage ne put jamais l'obtenir de lui. — Le poste d'un capitaine est son bâtiment jusqu'à la fin! je suis votre capitaine, et je suis le plus vieux, disait-il ; partez, mes enfans, dépêchez-vous et tâchez de sauver le Père d'Estélan !

Le jeune missionnaire avait été favorisé par le sort, mais il déclara qu'il imiterait le capitaine et qu'il ne quitterait pas le théâtre du naufrage.

— Embarquez-le malgré qu'il en ait ! s'écriait le marin ; embarquez-le, parce qu'il est Vicaire Apostolique, et n'oubliez pas qu'il est chargé d'un bref du Pape pour Mgr l'Évêque de Synite!... Donnez-moi bien vite votre absolution, mon Révérend Père !... Allons, mes gars, à la chaloupe ! à la chaloupe ! Obéissez-moi pour la dernière fois !

On ne put rien gagner sur la ferme résolution du missionnaire, et la chaloupe était à peine à quarante brasses du bord que le bâtiment s'engloutit sous les flots et disparut dans un tourbillon formidable.

La plupart des naufragés reparurent à la surface du gouffre au bout de quelques minutes, et les sauvetagés ont déclaré qu'ils avaient parfaitement vu et clairement distingué le Père d'Estélan qui nageait infatigablement d'un homme à l'autre, en les soulevant dans ses bras pour les exhorter et les confesser. Il absolvait et bénissait ensuite chacun de ses malheureux pénitens avant de les déposer sur la vague qui allait les ensevelir en guise de linceul; et puis il recommençait à nager, dans une autre direction, pour un autre malheureux, avec une énergie sublime et jusqu'à la fin d'un apostolat si laborieux et si méritoire, on en conviendra, fût-on protestant de Genève ou janséniste d'Utrecht.

C'était visiblement la providence de Dieu qui l'avait soutenu dans l'exercice de son ministère, ayant, non-seulement un pied ni les deux pieds, mais tout son corps dans l'abîme, avec la certitude et l'effroyable vision d'une mort affreuse, infaillible, incessante, inévitable pour lui. Les témoins de cette admirable scène évangélique ont déclaré qu'il avait disparu le neuvième et le dernier. J'ai su tous ces détails par mon vénérable ami le Duc de Penthièvre, à qui les registres et les bureaux de la Grande-Amirauté de France en avaient donné l'information.

———

Louis-Philippe d'Orléans (1) avait assez de ressemblance avec M. le Régent, son grand-père, mais celui-ci n'avait qu'un faux air de son aïeul Henri IV. L'action de mâcher, de savourer et d'avaler a toutours été la grande affaire, et, tranchons le mot, la seule affaire de sa vie C'était son unique et véri-

(1) Père de Louis-Philippe Égalité.

table passion. Il y trouvait ses punitions, ses récompenses et ses *quatre fins de l'homme*. On démêlait aisément que la chasse et les galanteries n'étaient pour lui qu'un acte préparatoire et tout-à-fait du second ordre ; c'était un moyen (mais un bon moyen !) pour aiguiser ou pour entretenir son appétit. A tout considérer, c'était un assez bon prince, et voici le résumé de son histoire.

Dans son enfance, il avait dit, à propos de rôties à la moelle : — J'en veux beaucoup ! j'en veux trop !

Dans sa jeunesse (et dans son lit conjugal) il avait pleuré toute une nuit parce que ses médecins l'avaient empêché de souper à sa fantaisie.

Dans la maturité de son âge, il fricassait des huîtres avec Mlle Mimi Duparc, et des ognons.

Enfin, dans sa vieillesse, Mme de Montesson lui disait tendrement : — Mais qu'avez-vous donc, Monseigneur ? vous avez l'air triste; est-ce que vous n'avez plus faim ? — On n'a jamais faim au bout d'une demi-heure et l'on mange tout comme, lui répondait son Altesse Sérénissime. Il y a déjà beau temps que je n'ai plus faim, mais voici que je ne peux plus manger et c'est chagrinant.

Ce gros Duc d'Orléans, qui prétendait chasser de race, avait un visage assez régulier, réfléchi, bouffi, bonasse et benêt. Il avait eu quelquefois des tentations frondeuses avec des prétentions politiques et des velléités d'opposition contre le gouvernememt du Roi, qui ne s'inquiétait guère du Palais-Royal, attendu que le Duc d'Orléans désavouait toujours ses conseillers et ne manquait jamais d'arriver au-devant de la réprimande avec une soumission parfaite. Tout cela commençait en nez de boule-dogue et finissait en queue de rat.

On s'est amusé long-temps d'un certain mémoire *secret*, en forme de lettre au Roi, qu'il avait fait rédiger par je ne sais quel encyclopédiste, et que ses gens du conseil d'Orléans avaient reçu l'ordre de montrer, *sans déplacer*, à tous ceux et celles qui voudraient bien prendre la peine d'en aller faire lecture au Palais-Royal. C'était à l'occasion du *déficit*, et je me souviens qu'on y faisait parler à Mgr le Duc d'Orléans de *cette famille royale à qui la nation française a décerné la couronne en vertu de son vœu d'élection*. Cet habile homme et son teinturier publiciste ignoraient apparemment que la nation française ne s'était formée, réunie, constituée que sous la sauve-garde et le patronage de la famille royale de France ; et les gens du Roi furent tellement choqués de cette impertinence, autorisée par la signature et l'aveu d'un premier prince du sang, que M. d'Ormesson répéta mille et mille fois dans tous ses réquisitoires, et durant plus de six mois, que le Roi Très-Chrétien ne tenait sa couronne que de la grâce de Dieu. Ceci n'apprenait certainement rien à personne, à moins que ce ne fût à ce pauvre prince, étrange héritier de Robert-le-Fort et de Saint-Louis. On disait avec raison qu'il était bien autrement divertissant et bouffon dans les parades de sa niaiserie politique que dans les parades licencieuses de son théâtre.

Après sa rupture avec une grosse comédienne appelée M^{le} Marquise, en mémoire et dérision de son premier amant (1), M. le Duc d'Orléans s'éprit d'un tendre amour pour la Marquise de Montesson (autre comédienne), et celle-ci trouva le moyen de lui persuader qu'elle était la vertu même. C'était une femme à grands talens qui faisait des héroïdes et des comi-tragédies sous la dictée de son secrétaire, et qui jouait de la harpe admirablement! A la vérité, Mme de Montesson s'établissait toujours, pour instrumenter de sa harpe, entre M. Nollot, son maître de harpe, et M. Danyau, premier élève de M. Nollot, qui jouaient de toutes leurs forces. Elle se tirait d'affaire au moyen de la pantomime, avec des airs de physionomie chromatique et des regards de sainte Cécile amoureuse. Elle ne voulait jamais jouer toute seule. Avec un si beau talent, c'était grand dommage! et comme c'était par excès de timidité, M. le Duc d'Orléans s'en extasiait et n'en revenait pas.

Ce prince avait fait étaler dans un salon du château de Sainte-Assise une collection de miniatures et de charmans dessins qui provenaient du pinceau délicat, habile et gracieux de Mme de Montesson, laquelle n'avait pas voulu descendre de son appartement ce jour-là, toujours par modestie. Mme de Puysieulx (2), dont elle était abhorrée, se mit à

---

(1) Il avait donné la seigneurie de la paroisse de Villemomble à cette fille, dont il avait eu toute une couvée d'enfans qu'il a reconnus tant bien que mal, et qui n'en portent pas moins les armes d'Orléans, ce qui prouve assez comment tout est bien réglé dans cette maison-là. (*Note de l'Auteur.*)

(2) Charlotte Le Tellier de Louvois-Rébénac-Souvré-Courtanvaux, femme de Louis-Philogène Bruslard de Sillery, Marquis

dire à M. le Duc d'Orléans : — Voyez donc ce beau dessin d'un bouquet allégorique : il se trouve signé dans ce coin-ci par Vanspandon, le peintre de fleurs. Est-ce que c'est une malice qu'on aurait voulu faire à cette bonne Marquise?

M. le Duc d'Orléans aurait bien voulu se cabrer; mais pour ne savoir comment s'y prendre ayant le jarret trop faible, il aima mieux tourner bride; il s'en alla souper auprès du lit de Mme de Montesson, et de son *râtelier*, ajoutait sa nièce de Genlis qui ne pouvait la supporter et qui nous en faisait toujours mille plaintes. (Elle avait inventé le mot *Tantâtre* à son occasion.)

— Le monde est par trop injuste et par trop méchant! disait cette bonne Marquise à son bon prince. Je veux m'en aller d'ici ! je veux absolument quitter le monde et me réfugier dans un couvent pour y prendre le voile. — O mon seigneur, ô mon prince aimable et chéri ! laissez-moi donc m'éloigner de votre cour, où les envieux me poursuivent et la calomnie me persécute à raison de la confiance dont vous m'honorez et de ma respectueuse affection pour vous !

— Vous voulez donc me faire mourir de chagrin? lui répondait son prince aimable et chéri le plus sérieusement du monde et le plus tristement.

—Ne consentirez-vous jamais à ce que je me retire dans un cloître, reprenait-elle en redoublant ses grimaces, et par exemple, à l'abbaye de Chelles, où

---

de Puysieulx, ministre des affaires étrangères, etc. Morte en 1779. Je n'ai jamais connu personne qui eût autant d'esprit déraisonnable   (*Note de l'Auteur.*)

nous aurions la consolation de nous revoir de temps en temps, à la grille du parloir?

— Je ne veux point, répliquait-il avec un laconisme charmant.

— Mais pourquoi donc pas Monseigneur? (**Voix** flûtée, bouche en cœur, œillade assassine et la petite main gauche en pigeon-vole. C'est toujours la main gauche qui est la plus petite.)

— Pourquoi? pourquoi?..... C'est parce que vous êtes aimable! — On a beau faire et beau dire, je vous trouve aimable, moi! — Vous savez bien le vieux Ségur, n'est-pas? Eh bien! il me disait l'autre jour que je ferais bien de vous épouser; et corbleu! si l'on s'avise de vous tourmenter, je sais bien ce que je ferai!....

— *Mesdames, et mes chers Messieurs*, se prit-il à dire le lendemain matin, quand il rejoignit ses hôtes avec un air piqué de la veille et satisfait de la journée, *Mesdames et mes chers Messieurs*, dit-il à trois ou quatre reprises avec son embarras et son hésitation naturelle, *Mesdames et mes chers Messieurs, je vous dirai que ce bouquet d'une rose avec un lys et deux pensées réunies par un nœud de faveur en lacs d'amour, c'est un dessin de Mme de Montesson qu'elle a copié d'après un dessin du sieur Vanspandon qui est son maître de dessin, et qu'elle a copié si exactement bien qu'elle a copié jusqu'à la signature de Vanspandon, parce qu'elle n'aurait pas voulu qu'on pût dire que le dessin n'était pas de lui et qu'il était d'elle qui l'avait copié d'après celui de Vaspandon*........

C'est une explication qui parut d'autant plus satisfaisante à ces dames et ces messieurs qu'elle se prolongea durant trois quarts d'heure avec la même vigueur de dialectique et la même élégance d'élocution. Mon fils s'était trouvé par hasard à Saint-Assise, où je l'avais envoyé pour demander la permission de *faire part*, et c'était de la mort de mon oncle d'Esclots, autant qu'il m'en souvient. Quand il en faisait des dialogues en parodie avec Ségur le cadet, qui jouait le personnage de la femme artificieuse, et Joseph de Monaco qui faisait le Cassandre en habit d'écarlate, c'était la perfection du burlesque, et c'était à se pâmer de rire.

Imaginez que cette Mme de Montesson se faisait écrire des déclarations d'amour et des billets passionnés qu'elle attachait à quatre épingles sur la tapisserie de sa chambre, afin de manifester le peu de cas qu'elle en faisait. C'était encore pour que ces témoignages de mépris refroidissent les adorateurs de ses charmes et la délivrassent de leurs persécutions, et c'était aussi pour essayer de faire reconnaître à ceux qui venaient la visiter les écritures de ces soupirans téméraires et ces insolens! afin que M. le Duc d'Orléans pût les faire châtier comme ils le méritaient!..

Elle avait fait mouler son visage avec du plâtre, ensuite elle avait fait couler sa figure en cire, avec les yeux fermés, et voici pourquoi. . . . .
. . . .
. . . . Mais pour habiller cette grande image qui se démontait et se remontait par morceaux, on ajustait sur elle une jolie robe de chambre, on la coiffait à la baigneuse, et puis on la posait et la disposait sur un lit de repos, avec les

plus beaux bras nus, la plus belle poitrine découverte, et des jambes !.... Il paraît que c'était la perfection des belles jambes !

M. le Duc d'Orléans (qui avait le goût des belles choses) arrivait, comme de coutume, à trois heures après midi ; mais la Marquise avait encore eu ce jour-là son attaque de nerfs, elle était plongée dans un sommeil léthargique, et sa première femme de chambre accourait pour barrer la porte en ayant soin de laisser entrevoir cette adorable figure de cire, où rien ne ressemblait effectivement à Mme de Montesson, si ce n'était les traits d'un visage assez commun. Ce gros Duc d'Orléans n'aurait eu garde de passer outre et n'osait souffler ; il était naturellement lourd et timide, et tandis que Mme de Montesson, mannequin vivant, se tenait cachée dans un arrière-cabinet, son futur époux s'en retournait en son Palais-Royal, embrasé d'un feu dévorant et sombre.

Il avait fallu bien des manœuvres et d'autres artifices encore, avant d'aplanir toutes les difficultés qui se trouvèrent au mariage d'un prince du sang royal avec cette bourgeoise astucieuse (1).

Elle avait nom Mlle Beraud-Delahaye, et son père avait été négociant à Saint-Malo, mais non pas des premiers de la ville, où les anciennes familles de la haute bourgeoisie datent de très loin. Je me souviendrai toujours de cette Maréchale de Broglie (née Loquet-de-Granville et vieille Malouine),

---

(1) Votre père disait que n'ayant pu réussir à faire de Mme de Montesson une Duchesse d'Orléans, il avait pris le parti de se faire M. de Montesson.   (*Note de l'Auteur.*)

à qui son mari disait des sottises, en prétendant que son alliance avec elle avait *fermé la porte de tous les grands chapitres à leurs enfans*. — Vous n'aviez pas besoin de cela pour être refusés dans les grands chapitres, lui répondit-elle. Je n'ai jamais fermé d'autre porte à nos enfans que celle de l'hôpital ; ma famille est plus ancienne que la vôtre. Et tout le monde convenait qu'elle avait raison. Je me rappelle aussi que cette Mme de Broglie était fort ennuyée des rabâcheries d'un vieux Diesbach, Envoyé des treize cantons, qui cherchait à se moquer d'elle en lui demandant (pour la centième fois) s'il était vrai que le port de Saint-Malo fût gardé par des chiens. — Mais, répliqua-t-elle en bâillant, avec son accent traînard de Saint-Malo, pourquais donc pâs? le Rouais lé bien par dés Suisses !

. . . .
. . . .
. . . . . . dudit M. de Tymbrune à son neveu. Ce qui ne l'empêcha pas d'aller solliciter le Comte d'Argenson pour en obtenir le gouvernement des Invalides ou celui de la Bastille, attendu qu'ils étaient vacans tous les deux.

— Monsieur, lui répondit le ministre de la guerre, ayez la bonté de me demander toute autre chose. Si vous obteniez les Invalides, on pourrait dire que c'est ma femme qui vous y envoie ; et si vous alliez à la Bastille, on supposerait que c'est moi qui vous y fais mettre. Il paraît que vous avez de la prédilection pour le gouvernement des châteaux forts? Si vous voulez bien vous contenter de celui des îles Sair^{te} Marguerite (qui sont à deux cents lieues de Paris), j'aurai l'honneur de vous proposer au Roi; mais c'est tout ce que je puis faire pour vous.

Le Chevalier de Tymbrune était resté confondu de ce que les ministres du Roi se trouvaient si bien informés d'une aventure aussi mystérieuse; mais il est à savoir que M. d'Argenson, Ministre de la guerre, avait aussi le ministère du département de Paris, ce qui mettait la police du Royaume à sa disposition. Le Chevalier s'en alla trouver Mme de Pompadour dont il attisa l'inimitié contre M. d'Argenson, du mieux possible, et qu'il excita principalement sur le mépris qu'on avait fait de sa recommandation dans les bureaux de la guerre. La favorite se piqua d'honneur et s'empressa d'en écrire un mot, séance tenante, et tout directement à S. M., qui tenait précisément son conseil de la guerre. Le Roi lui répondit cinq minutes après, avec son crayon et sur le papier du même billet, dont il avait retourné l'adresse et qu'il avait refermé par une épingle tortue

« Les 2 gouv^s sont donnés. Il y a 2 heures. La
« 1re chose présentée à ma signature. Pourquoi n'aviez
« v^s rien dit à d'Argenson. Voilà comme v^s êtes. »

Le petit Nicolet, sapajou de Mme de Pompadour, avait dérobé ce billet et l'avait jeté par la fenêtre, à l'imitation de ce qu'il voyait faire à la petite Alexandrine, qui se tenait toujours à la même croisée que le singe, et qui n'avait aucune autre sorte de divertissement (infortunée créature!) que celle de faire voler et de regarder voltiger en l'air des morceaux de papier blanc. Mme de Pompadour avait eu soin de prescrire et d'ordonner une fois pour toutes qu'on eût à tenir à portée de sa fille une rame de papier coupé carrément et proprement disposé dans une corbeille de la Chine ; le pavé des cours de Versailles en était couvert. Mais quand elle eut fini par ne prendre aucun plaisir à cette récréation qui se trouvait organisée *ne varietur* et comme une sorte d'obligation pour elle, Mademoiselle Alexandrine Le Normand d'Étioles en mourut d'ennui, de langueur et d'hypocondrie, la pauvre enfant !

Pour en finir avec ce billet, que le petit Nicolet avait jeté dans la cour de la chapelle, il avait été ramassé par un cent-suisse, et je ne sais plus comment il arriva jusqu'à Mme d'Estrées, qui n'en garda pas le secret.

La disgrâce de M. d'Argenson ne tarda guère à s'effectuer. Il eut soin de faire enfermer sa femme à l'abbaye du Longval, en vertu d'une lettre de cachet qu'il avait eu la précaution de faire signer par S. M. pêle-mêle avec des lettres de service. Ce fut le dernier acte de son ministère. Il avait refusé d'apposer sa signature à un brevet de survivance et de retenue, pour le gouvernement de la Bastille, au profit de M. de Tymbrune, et c'est plus de vingt ans après que celui-ci finit par obtenir la survivance du gouvernement des Invalides, et plus tard le gouvernement de l'École militaire, grâce à la recommandation pressante et la sollicitation continuelle de M. le Duc d'Orléans.

Voici les quatre degrés généalogiques et la filière en ascendance indirecte de cette belle passion (protection grotesque!) dont M. le Duc d'Orléans se trouvait animé pour le Chevalier de Tymbrune, ancien favori de Mmes de Pompadour et d'Argenson.

M. le Duc d'Orléans avait pour intime et respectable amie Mme la Marquise de Montesson.

Mme la Marquise avait un jeune protégé qui s'appelait M. le Vicomte de Valence-Tymbrune, et qui était un brun de belle apparence.

M. le Vicomte avait pour oncle et pour curateur le susdit Chevalier de Tymbrune, dont il écoutait les bons préceptes, et dont il devait recueillir la succession.

Eût-on la meilleure volonté du monde, il était impossible de ne pas remarquer que les fournitures de l'hôtel royal des Invalides n'avaient jamais été si dispendieuses que depuis la nomination de ce protégé de Mme de Montesson, et comme il se trouvait aussi que la pitance des vétérans n'avait jamais été si chétive et si résidue, le Ministre de la guerre en alla porter des plaintes ou faire des reproches au Palais-Royal.

Le Duc d'Orléans lui répondit : — *C'est une chose incompréhensible, et tout-à-fait incompréhensible, eu égard à la contradiction sur les deux choses qu'on dit; car enfin je ne suis pas plus bête qu'un autre, et je trouve que c'est incompréhensible; vous n'en disconviendrez certainement pas!*

— Il est vraiment d'une gérontérie sans pareille! avait dit Louis XV. Faites donc savoir à son protégé des Invalides que, si j'entends crier la poule, c'est le Gouverneur que j'enverrai plumer!

—Sa cage est toute prête à la Bastille, avait répondu M. de Bellisle.

— Oh! non, point d'esclandre encore, en ménagement et délicatesse pour la parenté, reprit le Monarque ; contentons-nous, pour cette fois-ci, de lui donner sur les doigts, mais vertement ! Je défends qu'il ose venir à Versailles, et qu'il se tienne sur mon chemin nulle autre part.

La meilleure histoire de Sainte-Assise est celle de M. le Duc d'Orléans, qui arrive inopinément de la chasse et qui survient brusquement dans un cabinet où son épousée se trouvait tête à tête avec M. de Valence ; et comment donc faire ?

—A genoux ! dit-elle au Vicomte... à genoux !.... Ne me répondez rien.......... —Non, Monsieur ! poursuit-elle en élevant la voix, avec une expression de Reine outragée ! Quittez cette posture et ne vous avisez plus de venir me surprendre dans mon boudoir !...... Vous n'ignorez pas les augustes nœuds et le lien sacré qui m'unissent à Monseigneur ! C'est à Monseigneur et c'est à lui seul, Monsieur, que vous auriez dû parler de vos imaginations relativement à Pulchérie..........

— Comment trouvez-vous, dit-elle à son gros d'Orléans qu'elle fit semblant d'apercevoir et qui était resté bouche béante à la porte du cabinet, comment trouvez-vous Monsieur de Valence, qui est amoureux de ma nièce, qui veut épouser ma nièce, et qui s'en vient me faire une scène de roman pour obtenir la main de cette petite ? — Levez-vous donc, Monsieur ! levez-vous donc et ne vous montrez pas en présence de Monseigneur dans une attitude aussi ridicule........

— *Mais, mon bon Dieu, vous allez vous faire du mal avec la colère et les transports où vous vous mettez,* lui répondit le bon vieux prince avec d'autant plus de soulagement et de satisfaction qu'il avait d'abord été plus tourmenté de sa vision cornue. — *C'est un projet dont il faudra vous occuper, ma chère madame; je ne sais que les mariages d'inclination pour être heureux! et si les Genlis allaient vous dire que Valence n'est pas assez riche, je ne demanderai pas mieux que de faire quelque chose pour lui. Je n'approuve pas qu'il soit venu vous faire une algarade; mais l'amour est capable de faire faire bien des sottises. Pardonnez-lui donc; ne me refusez pas de lui pardonner!*

Mademoiselle de Genlis était fille de bonne maison, riche héritière et la plus agréable personne du monde. On n'aurait jamais cru qu'elle pût être mariée si médiocrement! Sa sœur avait épousé le fils aîné du Marquis de la Woestine, un grand seigneur de Flandre; enfin son père et sa mère en étaient plongés dans la consternation; mais c'était Mme de Montesson qui tenait les ressorts de la manœuvre, on a vu comment et pourquoi le mariage de sa nièce avec M. de Valence avait été déterminé (1).

---

(1) Cyrus-Marie-Alexandre de Tymbrune Vicomte de Valence; lieutenant-général, etc. Bonaparte l'avait admis parmi les Sénateurs à la sollicitation de Mme de Montesson, qui s'était fait porter mourante au château de Saint-Cloud, et qui rendit l'âme immédiatement après cette visite. Nommé Pair de France à la Restauration, M. de Valence obtint la même faveur de Napoléon pendant les Cent-Jours, perdit ce titre à la rentrée de nos Princes et le recouvra en 1819, année de sa mort.

(*Note de l'Éditeur.*)

Ma bonne amie du Crest m'a raconté comme quoi sa petite fille (nouvelle mariée) s'était présentée pour faire une visite à M^m de Montesson, et comment un valet de chambre, qui ne la connaissait point, lui répondit en ces termes : — Je ne saurais vous annoncer, Mademoiselle ; on n'entre jamais chez Madame quand elle est avec M. le Vicomte.

—Vous direz à ma tante que je suis fâchée de ne pas l'avoir vue, et d'autant plus fâchée que M. le Vicomte est mon mari !...

Cette aimable jeune femme aura bien du mérite à se conduire honorablement.

Comme cette cour du Palais-Royal et comme cette familiarité de la maison d'Orléans étaient pourtant composées d'étranges personnes ! D'abord, on y trouvait toujours des Clermont-Gallerande, et c'était, depuis cinq à six générations, une succession de personnages à renfermer dans les Petites-Maisons ! On y trouvait un Brancas qu'il aurait fallu mettre à Bicêtre ; on y voyait, qui vous dirai-je en préférence ? un M. d'Osmond, gentilhomme normand, qui se disait issu des Rois d'Apulie, le pauvre diable ! et qui détruisait ou détraquait toute espèce de chose à laquelle il pouvait toucher (1). On l'appelait d'Osmond *Brise-tout*, et l'on a recueilli ses méfaits dans tous les *ana* de son temps. Ne supposez pas qu'il eût jamais de regret ou d'inquiétude au sujet des

---

(1) Barnabé-Gabriel Osmond, co-seigneur du Ménil-Roger et capitaine au régiment Royal-Cravate. J'ai ouï dire en Normandie que sa famille était assez ancienne et qu'elle avait eu quelques bonnes alliances au temps passé. (*Note de l'Auteur.*)

dégâts qu'il avait commis; il s'en prenait toujours à d'autres, et c'était la perfection du malencontreux. Je crois bien qu'il était pourvu de quelque office de la chambre ou des écuries d'Orléans; mais toujours est-il qu'on ne le voyait qu'au Palais-Royal, ennuyeux théâtre de ses malesœuvres. Il entre un jour d'étrennes dans le salon de M. le Duc de Chartres, par exemple. Il avait commencé par culbuter un guéridon chargé de porcelaines en vert-céladon craquelé; il avait déjà marché sur la queue d'un gros chat et sur les petits pieds de M. le Duc de Valois qui criait comme un brûlé; le voilà qui, parvenu jusqu'à la cheminée, trouve et saisit une bonbonnière en cristal irisé, de la plus vieille roche, et le voilà qui la remet à sa place en l'appliquant sur la tablette de porphyre à tour de bras!!! C'était deux cent cinquante louis bien employés, généreux prince! voilà ces deux mille écus en petits morceaux; remettez-les dans votre cassette.

Madame de Lamballe avait laissé tomber un de ses gants. M. d'Osmond s'empresse à le relever, et de sa grosse tête il va rudement choquer celle de la jeune princesse à laquelle il fait une épouvantable bosse au front. Un si furieux coup de bélier contre un si léger et si joli treillis de roses et de jasmin!... Vingt ans plus tôt, M. de Bernis en aurait fait un triolet enchanteur; mais les madrigaux en guirlande et bouquets-montés avaient déjà passé de mode, et tout ce qu'il en circula de mieux exprimé, c'était que Madame de Lamballe avait été *démolie* par le Chevalier d'Osmond. Ceci fut remarqué comme étant d'une originalité naïve et d'une familiarité hardie;

mais je me souviens aussi que l'auteur du roman d'Estelle eut le courage de s'élever contre cette expression métaphorique, en disant qu'elle était aussi dépourvue de délicatesse et de galanterie que d'agrément. Dût-on m'accuser d'orgueil littéraire et de prétentions ambitieuses, j'oserai dire ici que mon opinion sur ce nouvel emploi du verbe *démolir* était pleinement conforme à celle du Chevalier de Florian (1).

Ce malencontreux du Palais-Royal allait toujours et partout, rôdant et flânant. Il entre une fois dans la chapelle de ce palais, où l'on venait de poser des boiseries; il avise un petit cœur de nœud dans une planche neuve, et le voilà qui s'ingénie pour le déplacer et le remplacer avec le bout de son doigt, de manière à ce que le nœud lui cède, et que tout son doigt s'enfonce en restant fortement saisi dans le panneau. On fut obligé d'appeler des menuisiers pour instrumenter autour de ce doigt captif, opération délicate et qui dura toute la soirée; il écumait de rage, et toute cette bonne compagnie n'avait pas manqué d'aller siéger dans la chapelle, afin de s'en divertir. On avait proposé d'y faire apporter une table de biribi; mais la Marquise de Montesson ne s'y trouvait pas assez bien assise, et M. le Duc d'Orléans répondit que ce n'était pas la peine.

---

(1) Écuyer de la Princesse de Lamballe, auteur de *Numa Pompilius*, et l'un des quarante de l'Académie française. — *L'innocence de ses pastorales ne laisse rien à désirer*, disait Mme de Créquy; *il n'y a jamais de loups dans ses bergeries.*
(*Note de l'Éditeur.*)

Et puis une autre fois, dans la chambre à coucher de Mme de Rochambeau... — D'Osmond! c'est à n'y pas tenir! vous m'avez cassé deux vases de Sèves, et voici que vous défoncez ma guitare avec un coup de votre coude!...

— Ah! ah! pourquoi donc qu'elle était pendue là, cette guimbarde?

— Guimbarde vous-même! apprenez que c'était une mandoline admirable.... Hélas, mon Dieu! comme elle a rendu lamentablement son dernier soupir!... Rendez-moi donc le service et faites-moi l'amitié de vous en aller chez vous, d'Osmond; je veux passer dans mon cabinet de toilette et je ne veux pas que vous restiez tout seul ici.

— Soyez donc bonne personne et laissez-moi me chauffer tranquillement. Il avait promis qu'il ne toucherait qu'aux pincettes, et voilà qu'au bout de cinq minutes elle entend pousser des cris d'angoisse à son fameux perroquet gris...

— Mais, vilain brise-tout, vilain être malfaisant! dit-elle à travers la porte, qu'est-ce donc que vous faites à cette pauvre bête?

— C'est que je viens, répondit-il en étouffant de rire, c'est que je viens de lui brûler la queue, mais ce n'est pas de ma faute... ..

— Pardi! vous me la donnez belle avec des oiseaux dont on vient brûler la queue sans qu'il y ait de sa faute! et comment va-t-on brûler la queue d'un perroquet, s'il vous plaît?

— Ma foi! madame, ce n'est pourtant pas difficile à comprendre; j'avais pris une bougie pour aller le regarder, et le voilà qui s'est mis à se tourner et se retourner comme un imbécile ! Vous conviendrez que je n'en suis pas responsable....

« Passant du grave au doux, du plaisant au sévère, » je vous dirai quelque chose de Mme la Comtesse de Blot de Chauvigny, Dame pour accompagner la Duchesse de Chartres, laquelle (Mme de Blot) faisait l'admiration, le charme et la principale illustration du Palais-Royal (1).

On n'était pas d'un goût plus naturellement exquis ! On n'avait pas un tact aussi raffiné, une ingénuité plus attrayante, et des sentimentalités plus prodigieusement délicates !

« En outre qu'on la prendrait pour une des
« trois Grâces, écrivait M. le Duc d'Orléans à la
« vieille d'Anville, c'est qu'elle est comme un puits
« de science et comme un oracle de savoir ! Elle a
« une taille, qu'on la prendrait à dix doigts et
« qu'on la pourrait casser sur son genou. C'est seu-
« lement dommage que ce soit comme une manière
« de pur esprit et de corps glorieux. Ça fait honte
« aux autres. »

Cette adorable petite maîtresse était donc ce qu'on appelait alors une *mijaurée*, car l'épithète de *minaudière* ne date pas de si loin.

Madame la Comtesse aurait eu honte de manger

---

(1) Elle était la fille de M. d'Ennery, tout simplement ; mais il était convenu, pour l'honneur du Palais-Royal, que son père était un officier-général de grand mérite et que son frère était bon gentilhomme. M. de Richelieu disait que leur mère était nièce de la Sultane Validé. Je ne me souviens plus comment il arrangeait cela. Leur nom de famille est *Charpentier.*
(Note de l'Auteur.)

de la soupe, et quant à boire un verre d'une rouge, voilà ce qu'elle n'aurait certainement pas fait (en compagnie, bien entendu). — Boire du vin comme une créature vulgaire ! et du vin rouge encore !... Ah ! Dieu d'amour, quelle humiliation ! —. Une femme qui mange de la poularde ou des œufs frais !... — Allons donc, ma chère ! on mange un quartier d'orange, une dariole, une demi-douzaine de fraises ; ensuite on boit un peu de lait, c'est-à-dire du lait qu'on a fait couper avec de l'eau de cette jolie fontaine de Ville-d'Avray, et du lait de brebis, s'entend. Toujours du lait de brebis, de ce même lait qui sert pour alimenter les agneaux, ces charmans agneaux ! — Comment peut-on se résoudre à boire du lait de vache ? du lait, figurez-vous donc !... du lait avec lequel on nourrit les veaux, des êtres sans grâce et sans esprit !... Et puis, le moyen de composer avec cet horrible nom de vache !.. — *Vache !..* — Allez donc vous établir dans une espèce de relation volontaire, une sorte d'intimité *nutritive* avec une vache, une lourde bête à cornes !.. Tandis que vous devriez vous alimenter comme les nymphes de la fable qui marchaient sur les épis sans les courber !..
— Ah ! chère amie, je ne saurais entendre parler de ces affreux animaux qui *ruminent* et qui *beuglent* !... car je suis sûre qu'elles beuglent, les vaches ; et ce sont, à mes yeux, les plus abjectes et les plus odieuses créatures de l'univers ! — Je disais l'autre jour à M. de Buffon : « Puisqu'il faut du lait dans
« la nature, pourquoi les colombes ne nous en
« fournissent-elles pas ? »

— C'était parler comme un ange ! lui dit la

Maréchale de Luxembourg. — Oserais-je vous demander ce que M. de Buffon vous a répondu?

— Il a pris, je ne sais pourquoi, la chose en plaisanterie ; il m'a conseillé de ne boire que du lait d'amandes.

Toutefois, dans les embarras de voyage, dans les cas d'exercice extraordinaire ou dans les occasions de disette imprévue, Mme de Blot se relâchait un peu de sa diététique éthérée, et Mme de Blot avait le courage de *prendre sur elle* au point de *sucer* un aileron de pigeonneau qu'on lui faisait étuver dans un cœur de laitue. C'était la seule viande dont elle pût s'accommoder (*en compagnie* se trouve toujours sous-entendu), la chair de poulet lui paraissant trop grossièrement substantielle, trop compacte, et celle de tous les petits-pieds d'une saveur trop forte et d'un haut-goût trop masculin. — On ne veut jamais se laisser pénétrer d'une idée, et d'une idée très simple, pourtant ; c'est qu'une femme est une rose. Comparaison charmante et nouvelle qui finissait toujours par aboutir en traits méprisans contre les choux farcis, les boudins noirs, et surtout contre les asperges. On ne savait ce que les asperges avaient pu faire à Mme de Blot ; apparemment que son mari les aimait beaucoup.

— Voulez-vous manger de ces oreilles de cerf en menus-droits, Comtesse ?

— Madame aurait pu supposer que je ne suis point un chasseur, un piqueux de vénerie...

— Duchesse de Chartres, faites-lui donc manger du sanglier aux quatre-épices

—Mais, Monseigneur, prenez-vous donc les Dames

de Madame pour des braconnières et des sabotières?

— Allons, m'âme de Blot, soyons bonnes gens. Je m'en vais vous envoyer, par extraordinaire, un petit verre de ce bon vin de Chypre, à qui j'espère que vous allez faire grâce en l'honneur de la déesse Vénus. Il est de la Commanderie, le meilleur crû de l'île.

— Monseigneur!... me prenez-vous décidément pour une bacchante, une Érigone? Est ce que j'ai l'air d'une panthère?... Alors il ne reste plus qu'à m'ajuster avec des guirlandes de lierre, avec des crotales, avec le thyrse et les tambourins des Ménades!... Où sont-elles les touffes de pampre et la coupe ciselée du fils de Sémélé?...

— Tiens, c'est tout-à-fait comme dans ce grand tableau de ma salle à manger du Raincy!

— Mon Dieu, Monseigneur, est-ce que les femmes, dont la substance aérienne?.. — Ah! les femmes!.. Comment des femmes (de bonne compagnie) peuvent-elles se résoudre à manger des choses ignobles? Les femmes de bonne compagnie sont comme les abeilles et les papillons, qui ne vivent que du suc des fleurs, des baisers du Zéphyre et des pleurs de l'aurore aux doigts de rose.

— Vous êtes une savante et une sylphide m'âme de Blot, une véritable sylphide de Marmontel, à la *quintessence* de roses. — Allons, va pour une sylphide! A votre santé, m'âme de Blot.

— Madame, me disait-elle un jour à l'hôtel Tolouse, je crois que M. le Duc de Penthièvre a l'honneur d'aller tous les jours à l'hôtel de Créquy? Je lui répondis que je la suppliais d'enregistrer ma protestation contre son protocole, et qu'attendu la qualité de ce prince français, tout l'honneur était de mon côté.

Ne pensez-vous pas, poursuivit-elle en minaudant et câlinant, ne trouvez-vous pas que les Princesses ont tort de donner pour étrennes aux personnes de leurs maisons des porcelaines? C'est futile, et cela n'a rien de distingué. Savez-vous ce que vous pourriez faire et (permettez-moi de vous dire) savez-vous ce que je ferais à votre place?

— A ma place, dites-vous? Je n'en ai pas une idée bien claire.

— J'en parlerais à M. le Duc de Penthièvre afin qu'il en parlât à Mme sa fille, et je lui dirais que la Princesse devrait nous donner des tasses d'or pour nos étrennes. On dirait qu'elle nous a donné des tasses d'or... Ce serait distingué, ce serait de bon goût, des tasses d'or! je vous assure que ce serait de bon goût!

— M. de Penthièvre va venir me prendre pour aller souper, lui répondis-je; attendez cinq minutes et vous allez voir que je vais m'acquitter de votre commission. — Voilà, dis-je à S. A. S. avec une forte démangeaison d'en rire, voilà Mme la Comtesse de Blot qui ne s'embarrasse guère des porcelaines, et qui désirerait que Mme la Duchesse de Chartres donnât des *tasses d'or* à toutes ses dames, attendu que ce serait *de bon goût*. N'est-ce pas, Monseigneur, que ce serait de bon goût?

— Mais sans aucun doute, et ce serait aussi d'un bon prix!

Il désapprouva pourtant mon exécution, cet excellent, cet admirablement bon prince! et pour atténuer l'effet de cette malice, il envoya pour étrennes à Mme de Blot un joli nécessaire de table, en or, avec les armes de Bourbon-Penthièvre, en haut relief, et sur les six pièces richement ciselées.

Tout ce que je pus obtenir de lui, c'est qu'on expédierait cette galanterie dans une attrape de carton, de celles qui ressemblent à des rognons de veau.

Cette Comtesse avait un *bichon* (elle n'aurait jamais voulu dire un *chien*, ce que vous concevrez parfaitement d'après son horreur des vaches). — Eh! sacrebleu! disait le Comte de Caylus qui sacredisait toujours (1), elle a raison Mme de Blot! à la cour de Clovis on les assommait de coups (les chiens); on les estimait si peu que leur nom seul était une injure; j'ai vu dans la chronique de Verdun qu'en 527 un neveu du Roi, nommé Gontrand, se battit contre l'Évêque de Metz qui l'avait appelé *chien*.

Toujours est-il que celui de Mme de Blot était un petit animal comme on n'en reverra jamais pour la délicatesse du sentiment et de l'intelligence, et surtout parce qu'il ne vivait que de *phlogistique*, à ce que disait sa maîtresse : autrement dirait-on de *l'air du temps*. Le plus bel éloge que Mme de Blot pût faire d'un être animé, dans tous les genres et de toutes les espèces, c'était de dire qu'il ne mangeait guère ou qu'il ne mangeait point. Il y paraissait

---

(1) Ci-gît un antiquaire opiniâtre et brusque.
Sacrebleu! qu'il est bien sous cette cruche étrusque!

pour son compte, à son état de maigreur personnelle.
— Elle a toujours été *impalpable,* disait le Maréchal de Richelieu, mais elle devient *invisible;* et toujours est-il aussi qu'elle en est morte d'étisie à l'âge de 28 ans. Jamais les rigueurs de la Trappe et les austérités du Carmel n'auraient eu la sévérité d'astreindre une pauvre recluse à toutes ces privations imposées par une fausse élégance et par une coquetterie si mal entendue ; car, en vérité, tout le monde se moquait d'elle, et principalement les jeunes gens ; ce qu'elle ne pouvait ni s'expliquer, ni concevoir en aucune façon. — Elle qui mangeait comme une mauviette, qui croyait s'embellir d'un si beau sacrifice, et qui s'immolait au culte de la mode ainsi qu'une blanche colombe !

... — Il a pris l'habitude, il a besoin qu'on s'occupe de lui ; personne ne lui dit plus rien d'aimable aussitôt que je suis sortie, et je suis sûre qu'il en est bien malheureux ! Voilà ce que disait Mme de Blot à sa demoiselle de compagnie, Mlle Minau de la Mistringue (1).

— Il faudrait lui parler souvent et non pas à bâtons rompus comme vous faites, ma chère demoiselle ! Vous devriez lui conter ou lui déclamer

---

(1) Elle était sœur d'un malheureux poëte à qui MM. de Rivarol et Champcenetz n'ont pas manqué de consacrer un article de leur *Petit Almanach des grands hommes.* Elle était si belle parleuse et si étrangement puriste qu'elle disait un jour devant ma nièce de Matignon : — Si j'avais l'honneur d'être Mlle de Goyon et qu'on voulût me donner pour mari M. le Comte de Vieuxmaisons, ce qu'elle paraît agréer, je ne m'y résoudrais assurément pas. Je croirais épouser un solécisme !.....

quelque chose... mais quelque chose d'un peu long, de soutenu, de suivi, comme un trait d'histoire, un conte moral, une pièce de théâtre, par exemple.
— Voulez-vous lui lire cette nouvelle tragédie qui s'appelle *Les Guèbres* ou *la Tolérance?*.... Mais non, lisez-lui *La Coquette corrigée*... ou plutôt *Le Philosophe sans le savoir;* je l'aime encore mieux que *La Coquette corrigée!* — Allons, voilà qui sera le mieux du monde, et c'est bien convenu, vous allez lui lire *Le Philosophe sans le savoir*, et mettez-y de l'expression, pour le distraire!... — Oui, cher être! et pour le consoler pendant l'absence de petite maîtresse, mam'selle de la Mistringue aura la bonté de lui lire une pièce en cinq actes, une bonne comédie! *uneu comédie deu* bon goût!

Il est à considérer délicatement que Mme de Blot n'adressait jamais la parole à son chien qu'à la troisième personne, attendu que le *vouvoyer* lui paraissait trop disparate avec une intimité parfaite, et que le *tutoyer* lui semblait de trop mauvais goût, même avec un bichon... Son mari, fort amoureux d'elle, avait entrepris d'en obtenir, ne fût-ce que pour une soirée, la faveur du *tu-toi-tien ton*, et ce fut dans un accès d'irritation contre cette tentative injurieuse et cette exigence abusive qu'elle y répondit : — *Eh bien, va-t'en !*

Je ne sais comment on a pu rapporter cette espèce de bon mot comme étant provenu de Mme Amélie de Boufflers qui n'aurait jamais eu l'esprit de le produire. Mais pour l'avoir dit et répété comme étant d'elle, c'est autre chose, et chacun sait que la Comtesse douairière de Boufflers a toujours soin d'aiguiser des pointes d'esprit et de les prêter à ladite Amélie, qui ne s'en fait jamais faute ou scrupule.

— Maman, racontez donc a ces messieurs ce que je vous disais ce matin (1).

Ce qui me reste à vous raconter au sujet du bichon n'est pas le plus favorable de son histoire. Il y avait à la chapelle du Palais-Royal un grand et gros sacristain franc-comtois, que personne de cette maison ne voyait et ne recevait, si ce n'est à l'occasion de la nouvelle année, comme de rigueur coutumière. Cet homme, assez empêtré de son naturel, arrive un matin du premier janvier chez Madame la Comtesse de Blot, à son tour de rôle, et s'assied sur un pliant qu'elle avait eu l'amabilité de lui montrer de la main sans lui parler. Il croit sentir un faible mouvement de résistance et quelques velléités d'opposition... Il introduit une de ses mains entre son siège et sa personne et reconnaît qu'il est assis sur un épagneul. La queue dépassait, et l'Abbé commença prudemment par la tordre et la renfoncer sous lui. Il avait pris son parti résolument ; il se soulève et se laisse retomber sur le bichon supplicié

(1) Marie du Campet de Saujon, Comtesse douairière de Boufflers et Dame de la Princesse douairière de Conty. Elle est morte en 1799, âgée de 76 ans. Cette Comtesse de Boufflers était la pédanterie même, et comme elle était un objet d'adoration pour M. le prince de Conty, qui était devenu Grand-Prieur de France depuis son veuvage, et qui logeait au Grand-Prieuré de France, ancien palais des Templiers, nous l'appelions *l'Idole du Temple*. On a dit, à sa mort, que lorsque la belle-mère avait rendu l'âme, la belle-fille en avait perdu l'esprit. (*Note de l'Auteur*, 1804.)

de tout son poids, et de manière à lui donner le coup de grace. Ensuite, il toussaille, il étend ses basques et ses larges mains, il tortille, il manœuvre en bon franc-comtois qu'il était, et finalement il introduit le petit bichon dans sa poche et s'en va le jeter au coin d'une borne.

Mme de Blot n'a jamais su ce qu'était devenu son chien. Les uns lui disaient qu'il était devenu Sylphe, et les autres qu'il avait été, comme Hylas, enlevé par les Nymphes. Il y avait une autre version dont mon fils était l'auteur et qui n'était pas la plus mal accueillie par Mme de Blot, quoique ce fût la plus déraisonnable. Mon fils disait donc que c'était M. le Duc de Duras qui avait eu l'indignité de faire enlever Bichon, pour en faire hommage à S. M. le Roi de Danemarck, auquel il avait charge et mission de faire les honneurs de la capitale, et de faire admirer les merveilles de la France. Mme de Blot n'était pas éloignée d'adopter cette supposition-là.

On aurait bien voulu qu'elle écrivit à S. M. danoise afin de réclamer ou tout au moins pour recommander son *favorito rapito*, mais Mme la Duchesse de Chartres était intervenue pour empêcher cette folie. Nos jeunes gens avaient eu l'imprudence d'écrire à M. de Duras au nom de Mme de Blot... Ayez donc l'obligeance de m'arrêter et la charité d'interrompre cette belle histoire de chien ! je commen à rabâcher, à ce qu'il me semble, et je m'en afflige.

M. de Voltaire aimait beaucoup à débiter des hietoires curieuses, et sur toute chose il aimait à paraître exactement informé de certains faits historiques et de certains secrets d'État dont la révélation lui serait parvenue de quelque grand personnage avec lequel il aurait eu des relations de confiance et d'amitié — *Le Président de Maisons disait........ — Le Président de Maisons m'a dit........ — Je tiens du Président de Maisons...* (1). Voltaire a vécu pendant plus de trente ans sur le Président de Maisons, qui avait été la première et la plus belle relation de sa jeunesse. Quand Mme du Châtelet s'en trouvait ennuyée, mais surtout lorsque Voltaire entreprenait de s'appuyer sur l'autorité du Président pour contrarier Mme du Châtelet dans la discussion, ce qui ne manquait pas d'arriver souvent : — Voilà, disait-elle, un bel objet! C'est une fameuse garantie que celle de ce petit de Maisons qui n'a jamais su dire et faire autre chose que des niaiseries et des boulettes de mie de pain! On s'émerveillera de vous l'entendre citer à tout propos! Il était gauche comme un prêtre normand; nous ne voulions seulement pas

---

(1) Jean-René de Longueil, Chevalier, Châtelain de Longueil, Marquis de Maisons-sur-Seine et de Poissy, Président à Mortier au Parlement de Paris, et membre honoraire de l'Académie des Sciences. J'ai vu dans mes papiers de famille qu'il avait dû épouser successivement Mlle du Bouexic de Guichen et Mlle d Bouexic de Pinieulx, ses cousines, et proches parentes de ma mère. Il est assez bizarre que ses deux jeunes accordées fussent mortes de la petite-vérole, et que leur fiancé fût prédestiné pour être poursuivi par cette maladie, dont son père était mort en 1715, dont sa sœur était morte en 1727, et dont il mourut lui-même en 1752, âgé d'environ 54 ans. (*Note de l'Auteur.*)

prendre la peine de coller les découpures qu'il faisait pour nous! ses cousines de Lamoignon s'en moquaient à la journée; il avait plus de quinze ans qu'il pissait encore au lit ; il était gourmand comme une dinde. Je sais bien qu'on a dit qu'il était mort de la petite-vérole ; mais c'est aussi d'une indigestion de gaufres.... — De gaufres, Madame !... Oserait-on vous supplier de prendre garde à ce que vous dites? Et comment pouvez-vous insulter à ma douleur éternelle, en parlant ainsi d'un admirable jeune homme! un savant illustre, un ami que j'adorais !..

La docte Emilie persistait dans ses détails de dénigrement puéril avec une abondance intarissable. Voltaire avait l'air de s'opiniâtrer dans son adoration. Voltaire en finissait par acheter la paix au moyen de quelque madrigal algébrique, et c'étaient des scènes à payer les places au quintuple de la meilleure comédie française (1).

Toujours est-il que ces disputes avec Mme du Châtelet n'ont pas été sans quelque profit pour Voltaire. Ce qu'il estimait le plus en elle était son état de grande Dame et son usage du grand monde; enfin, c'est elle qui lui a fait perdre cette habitude de citer son Président de Maisons, *per fas et nefas*.

Dans les notes de la première édition de son

---

(1) « Sans doute vous serez célèbre
« Par ces grands calculs de l'algèbre
« Où votre esprit est absorbé !
« J'oserais m'y livrer moi-même,
« Mais, hélas! A $+$ *plus* D $-$ *moins* B,
« N'est pas $=$ *égal à je vous aime!* »
(*Voltaire à Mme du Châtelet*, 1748.)

poëme de la Henriade, Voltaire avait avancé que le Roi Charles IX avait tiré des coups de carabine sur les huguenots qui s'enfuyaient du quartier du Louvre, à l'heure de la Saint Barthélemy, et la preuve qu'il en donnait c'est que le Maréchal de Tessé aurait connu le gentilhomme qui avait chargé cette carabine du Roi Charles à plusieurs reprises, et lequel gentilhomme ordinaire de Charles IX en aurait fait confidence à ce Maréchal au bout de 90 ans.

Il faut vous dire que Voltaire ne s'était jamais trouvé une seule fois dans sa vie avec mon oncle de Tessé, et qu'il ne savait autre chose de lui que ce qu'il pouvait en attraper en nous questionnant, et, s'il faut tout dire, en m'impatientant quelquefois par ses questions. Je dois déclarer que le Maréchal de Tessé n'a jamais rien dit de semblable à ceci devant aucune personne de sa famille, et j'en parlai si haut et si clair que Voltaire en a supprimé cette fausse indication dans toutes les éditions suivantes (1).

(1) La Convention, le Directoire et le gouvernement des Consuls n'ont voulu tenir aucun compte à Voltaire de cette correction dans les notes de son poëme, et de son amende honorable en désaveu tacite. On voit encore en cette présente année 1802 l'inscription suivante dessous d'une croisée de la galerie du Louvre au rez-de-chaussée (les caractères en ont au moins deux pieds de hauteur):

« C'EST DE CETTE FENÊTRE QUE L'INFAME CHAR-
« LES IX, D'EXÉCRABLE MÉMOIRE, A TIRÉ SUR LE
« PEUPLE AVEC UNE CARABINE. » Comme cette partie du Louvre n'a été construite que sous le règne d'Henri IV, il est difficile que cette fenêtre ait existé du temps de Charles IX; mais nous n'en sommes pas à faire des chicanes aux inscriptions pariétaires de la république. (*Note de l'Auteur.*)

En s'appuyant avec un air de sécurité sur les mémoires imprimés de Mademoiselle de Montpensier et sur le journal manuscrit du Marquis de Dangeau, Voltaire avait publié la chose du monde la plus curieusement inexplicable; c'est à savoir que Louis XIV aurait pris le deuil à la mort de Cromwell.

Quand on va chercher la preuve de cette assertion dans les mémoires de la Princese, on trouve qu'elle y dit précisément le contraire, et quand on a vu paraître le mémorial de M. de Dangeau, il s'est trouvé qu'il n'en disait rien du tout.

La première fois que j'aie entendu parler du *Masque de fer*, c'était par Fontenelle qui venait d'en entendre parler à Voltaire, lequel avait ajouté qu'il en avait ouï parler au Duc de Richelieu, qui (disait Voltaire) avait appris la chose par le Duc de Noailles son beau-père, lequel Duc de Noailles était censé la tenir de son oncle le Maréchal de Roquelaure, ainsi que de son beau-père, M. Boyer de Villemoisson, ancien intendant de Provence. — Voilà qui est singulièrement bien arrangé, nous dit le Maréchal de Richelieu; il est très vrai que j'ai ouï parler de cet homme au masque de fer, mais c'est uniquement par Voltaire et nullement par le Duc de Noailles. Je vous donne ma parole que celui-ci n'a jamais parlé du vieux Boyer, son beau-père, à âme qui vive!...

Ce n'était pas la première fois que nous eussions à nous moquer des contes bleus de M. de Voltaire : et quand il fut décidé que M. de Richelieu ne voulait pas autoriser cette belle imagination du masque de fer. . . . . publier quelque temps après la même anecdote sous une autre rubrique et sans nom d'auteur, pour cette fois-ci.

— La belle histoire de Mère-l'Oye! disait la Duchesse de Luynes au Maréchal de Noailles; et voyez donc comment feu M. de Louvois aurait passé huit jours à postillonner de Versailles à l'île Sainte-Marguerite sans qu'on se fût aperçu de rien ! S'il avait seulement découché pendant trois nuits, on en aurait parlé pendant six mois.

— Ce qu'il y a de plus fort et de plus miraculeusement détaillé, répondait le Maréchal, c'est M. de Louvois qui parle au prisonnier *chapeau bas*, ce qui ne saurait avoir été révélé que par ce ministre ou par ce masque de fer. — Comment trouvez-vous aussi la bonne histoire de cette assiette d'argent ? . . . .

— Oh ! pour ceci, interrompit M. de Brancas, qui nous arrivait de la geôle Sainte-Marguerite après quatorze mois de prison, c'est une ânerie comme on n'en dit jamais, car les chambres de cette prison se trouvent séparées du bord de la mer par un fossé de rempart et par une muraille de clôture. . . .

— Il est tout simple que la chose paraisse inexplicable, puisque c'est un secret de l'État, nous dit solennellement la Duchesse d'Anville.

— Fameux secret ! murmura le Duc de la Vrillière (qui avait été long-temps Ministre de la maison du Roi, chargé des lettres de cachet et des prisons d'État). — Oh ! sans doute, un profond secret ! ajouta M. de Moras, ancien ministre de la marine.

et qui sera parfaitement bien gardé, car il n'y a rien.

Cette conversation avait lieu chez moi, devant M. le Duc de Penthièvre, et ce prince était pleinement convaincu que Voltaire avait composé cette mystérieuse histoire à dessein de passer pour un écrivain des mieux informés.

Comme je me suis promis d'être juste et de vous dire le pour et le contre, je dois ajouter ici que l'opinion du Comte de Maurepas n'était pas tout-à-fait aussi défavorable à Voltaire que celle de M. le Duc de Penthièvre, et tout ce que lui reprochait M. de Maurepas, c'était d'avoir fabriqué une sorte de poëme héroï-tragique au moyen d'un chapitre de Guzman d'Alfarache. Je dois ajouter aussi que le Baron de Breteuil est absolument du même avis que M. de Maurepas, son prédécesseur au ministère de la maison du Roi ; et, voici la pointe d'aiguille sur laquelle Voltaire aurait voulu faire tenir sa construction romanesque.

Charles de Gonzague, Duc de Mantoue et de Montferrat, avait pour femme une Archiduchesse d'Autriche, ennemie passionnée de la France, et pour secrétaire intime ou confident principal un Piémontais qui se faisait appeler le Comte Mattioli. Cet *ami du prince* avait un génie d'intrigue infatigable, et l'impunité dont il jouissait avait tellement enflé ses voiles et détourné ses voies qu'il osa faire arrêter et dévaliser un courrier chargé des dépêches du Roi Très-Chrétien pour le Duc de Créquy, son Ambassadeur à Rome. Le Pape Alexandre était en danger de mort ; il était question de procéder à la réunion d'un conclave ; la France avait ses créatures à protéger, ses antagonistes à déjouer et ses instructions à faire parvenir à M. de Créquy ; jugez de la colère de Louis XIV !

Ce Mattioli commença par déchiffrer les dépêches qu'il avait volées; ensuite il fit un calcul de vénalité bien naturel avec son caractère et dans sa position, qui n'avait certainement rien de stable ou d'assuré, puisqu'elle ne tenait qu'à sa faveur auprès du Duc de Mantoue, le plus tyrannique et le plus capricieux, le plus avare et le plus pernicieux des principicules italiens. Le Comte Mattioli se rendit en grand mystère auprès du Chevalier Turgot, chargé des affaires de France à Modène, auquel Chevalier Turgot il avait donné rendez-vous sur la frontière de l'État ducal, afin d'y préluder à sa négociation financière. Celui-ci donna conseil à Mattioli d'abandonner à tout jamais la cour de Mantoue et d'aller déposer la même dépêche (arrêtée *par ordre du Duc*, assurait le Piémontais) entre les mains de l'intendant de Grenoble, M. de Lamoignon, lequel aurait soin d'en récompenser magnifiquement le porteur, aussitôt qu'il en aurait reçu l'autorisation du Roi son maître. La fortune de Mattioli se trouverait assurée, brillante et solidement établie sur une grosse somme d'argent qu'il était venu solliciter de M. Turgot, en rémunération du service qu'il se proposait de rendre à S. M. T. C. Il ne fallait pas oublier d'emporter, avec les originaux français, toutes les versions déchiffrées qu'il en avait pu faire. Enfin, je ne sais tout ce que le Chevalier Turgot put dire à ce Mattioli; mais toujours est-il que celui-ci s'échappa de Mantoue sans crier gare, et qu'il alla se planter au piquet du côté de Montmélian, sur la frontière de France et de Savoie. C'était en dehors de nos poteaux fleurdelisés, bien entendu; mais ceci n'empêcha pas l'intendant du Dauphiné de l'y faire saisir par des cavaliers de maréchaussée, quant-et-quant les dépêches de Versailles et les copies déchiffrées qu'il en voulait délivrer moyennant rançon. M. de Lamoignon l'avait fait patienter jusqu'après le retour de son courrier pour Versailles. On avait su, par une information directe de M. Turgot, que c'était lui surtout, Mattioli, qui devait être considéré comme auteur et principal agent de cette insolente entreprise, et vous pouvez bien imaginer qu'un acte d'insolence était un crime irrémissible aux yeux du Roi.

Au demeurant, quelle confiance avoir et quelle sécurité trouver dans le salaire et l'acquisition d'un tel personnage?

Qui le retiendrait ou pourrait l'empêcher d'aller trafiquer toute autre part avec cette portion du secret des affaires de France dont il se trouvait dépositaire, et dont il devait rester en possession jusqu'à sa mort?...

M. de Maurepas ajoutait que plusieurs membres du sacré-collége et le premier ministre d'une cour étrangère auraient pu se trouver compromis par la révélation de notre correspondance. M. Colbert avait été d'avis de faire *brancher* Mattioli, mais M. de Pomponne opina pour la douceur envers le coupable et pour les bons procédés à l'égard du Duc de Savoie, qu'en sa qualité de ministre des affaires étrangères il avait quelque raison de vouloir ménager. La violation patente et avouée du territoire de ce prince n'aurait pas manqué de produire une irritation fort impolitique, et d'autant plus que la politique du cabinet de Versailles était pour ce moment-là dans un calcul de modération.

En exécution des ordres qu'il avait reçus du Ministre, M. de Lamoignon fit conduire notre homme à la prison de Sainte-Marguerite, localité d'autant mieux appropriée qu'elle n'est pas trop éloignée de Grenoble, et qu'elle est assez distante de la frontière de Savoie pour avoir dépisté les autorités de Chambéry, qui n'osèrent rien dire à cause de l'incertitude et du manque de précision qui se trouva dans les rapports de leurs agens sur la frontière.

Il est possible, et même il est vraisemblable que, pendant le trajet de la frontière à sa prison, on avait fait masquer le Comte Mattioli, qui pouvait être reconnu par quelques-uns de ses compatriotes, lesquels Piémontais et Savoyards se trouvent toujours en bon nombre dans nos deux provinces *ultra Rhodanum* C'était dans ce temps-là, du reste, une chose de coutume à l'égard des prisonniers d'État qui voyageaient à cheval, à raison de certaines difficultés locales. Un de mes oncles avait rencontré M. Fouquet masqué d'un loup noir et monté sur une mule, au milieu des Cévennes, et ce fut seulement à son retour à Paris que mon oncle apprit quel était ce prisonnier d'État avec lequel il s'était croisé dans la grande rue d'une petite ville appelée Pradelles ou Pradel, frigide et montagnarde cité s'il en fut jamais ; car mon oncle disait que les pommiers n'y pouvaient fleurir et que le blé n'y mûrissait pas. Ce lieu dépendait d'une Commanderie dont mon oncle était bénéficier en langue d'Auvergne; il ne savait seulement pas comment il fallait écrire le nom de cette ville dont il était Seigneur; et voici qui n'a guère de rapport avec les œuvres de Voltaire.

Ma tante de Breteuil était un jour en litière avec un petit garçon qui était son filleul et qui avait peur de tout, d'où venait que sa marraine le conduisait en Picardie, chez les jésuites, avec autant de précaution qu'elle aurait fait d'une femme en couches. Ce petit bonhomme avait particulièrement frayeur des masques, et ma tante avait eu l'extrême bonté de ne pas mettre son loup par compassion pour cette manie. Elle aimait beaucoup ce pauvre enfant qui était infirme et chétif, et dont personne ne prenait grand soin. Ma tante était suivie par une autre litière avec deux de ses femmes et par une couple de laquais à cheval.

Sa litière est dépassée par un grand carrosse à huit glaces et train doré qui était rempli de belles dames et de petites demoiselles masquées, les dames en velours noir et les enfans en taffetas gris-de-fer; c'était l'usage du temps. Voilà que le carrosse s'arrête, et que le petit compagnon de ma tante se met à trembler de tous ses membres; mais en voyant que les dames saluent sa marraine avec une civilité parfaite, et que les enfans masqués lui font (à lui trembleur) des salutations et des prévenances (je crois même qu'ils lui firent porter des confitures sèches), notre petit garçon finit par se rassurer, mais médiocrement. C'était du côté de Roye, et toute cette famille picarde, si soigneuse et si bien prémunie contre le hâle et les taches de rousseur, était celle du Marquis de Soyecourt.

Deux ou trois heures après, encore une mascarade sur le grand chemin, et c'était pour cette fois-ci des comédiennes de campagne, avec des masques de velours pelé, qui s'approchèrent de ma tante pour lui demander sa protection contre le subdélégué de Péronne qui les avait fait chasser de la ville. Mme de Breteuil avait beau leur dire que son mari n'était plus intendant de Picardie et qu'elle ne saurait intervenir dans leur affaire, ces belles demoiselles ne discontinuaient pas leurs supplications gémissantes, et le directeur de la troupe se mit à genoux pour se lamenter plus convenablement. Le petit garçon n'en éprouva pas beaucoup de frayeur.

Pendant la journée suivante, on trouve arrêtée sur la grande route une chaise de poste entourée par des cavaliers de maréchaussée, et dans laquelle il y avait un homme masqué... — Madame de Breteuil ! Madame de Breteuil ! s'écrie le prisonnier, n'aurez-vous pas la charité de faire dire à ma femme que je viens d'être arrêté chez son père et qu'on m'emmène au château de Ham? Vous me rendriez grand service et j'ose espérer que vous ne me refuserez pas cette consolation-là. — N'y trouvez-vous nul inconvénient? dit ma tante en s'adressant au chef de l'escorte, et voudriez-vous me dire le nom de monsieur? Le Brigadier répondit que la chose était impossible, mais qu'il ne voulait ni ne pouvait empêcher le prisonnier de dire son nom sur le grand chemin pendant qu'on y raccommodait sa voiture ; qu'il avait reçu l'ordre de le faire masquer, mais non pas de le bâillonner; enfin ce prisonnier d'Etat, qui portait un masque, était le fameux Comte de Roucy (La Rochefoucauld), et ce filleul de ma tante (qui avait si grand peur des masques), est devenu, devinez quoi..... — Le mari de ma cousine Emilie, dont la mère et la grand'mère étaient deux têtes folles, et dont le Baron de Breteuil était subrogé-tuteur (1).

Quand M. du Châtelet est devenu gendre de sa marraine, apparemment qu'il ne craignait plus les loups couleur de fer et n'avait plus peur des masques noirs ; il paraît que son voyage en Picardie l'avait aguerri.

Pour en finir avec le prisonnier Mattioli qui mourut à la Bastille en 1703 et dont l'acte de sépulture est porté sur les registres de l'église de Saint-Paul, à la date du 20 novembre, voici plusieurs négations qui proviennent du Comte de Maurepas, et lorsque vous aurez lu le *Siècle de Louis XIV*, vous verrez que chacune de ces négations s'applique sur une affirmation de Voltaire.

(1) Marie-Gabrielle du Châtelet; Marquise de Sircy-en-Vosges, héritière de sa branche et femme de son cousin, Florent du Châtelet, Marquis de Trichasteau. Elle était fille d'une Comtesse de Neuville-Saint-Remy, qui lui disait toujours à propos de son fils : — Mon cher petit cœur, je vous conseille de ne jamais ni caresser, ni vous affectionner, ni vous soucier de cet enfant-là, parce qu'il ne saurait vivre. — Il est mort à 89 ans.
(*Note de l'Auteur.*)

Il n'est pas vrai que ce prisonnier ait porté jamais un masque *de fer*, et c'était tout au plus *couleur de fer* qu'il aurait fallu dire.

Il n'est pas vrai qu'il ait été conduit premièrement au château de Pignerol, dont M. de Saint-Mars était gouverneur, et que ce fût en 1662, car cet officier n'avait été pourvu du gouvernement de cette forteresse qu'en 1664, ainsi que M. de Maurepas l'a vérifié dans les archives de son département.

Il n'est pas vrai que M. de Louvois se soit jamais éloigné de Versailles assez long-temps pour pouvoir aller jusqu'à l'île Sainte-Marguerite, et ce ministre de Louis XIV n'était pas en position de s'absenter ni de voyager incognito.

Voltaire avait commencé par dire que son homme au masque de fer avait écrit je ne sais quoi sur une chemise *très fine* qu'il avait jetée par la fenêtre de sa chambre, et qu'un pêcheur avait trouvée flottante sur la mer. On lui fit observer que les chambres des prisonniers n'ouvraient pas sur la grève et que cette chemise *très fine* aurait dû tomber dans la cour intérieure du fort, attendu que la muraille d'enceinte a quarante pieds de hauteur et qu'elle est à quarante pas de la Tour-Magne. C'est pour éviter cette difficulté que M. de Voltaire a métamorphosé la chemise en assiette d'argent.

Le Baron de Breteuil, aujourd'hui ministre, ajoute à tout ceci : 1° que le Père Papon, dans son histoire d'un voyage à l'île Sainte-Marguerite, a fait une rapsodie misérable, et que lui, M. de Breteuil, a fait punir un vieux sous-officier des compagnies gardes-côtes qui s'était diverti de la crédulité de ce pauvre historien ; 2° qu'il existe aux archives de la bastille une lettre de M. de Barbezieux, Ministre de Louis XIV, adressée à M. de Saint-Mars, gouverneur de cette forteresse, et datée du 19 décembre 1697, dans laquelle on voit ce qui suit: « *Sans vous relâcher à l'égard de votre ancien « prisonnier et sans vous expliquer avec qui que ce soit « sur les choses dont il s'était rendu coupable, vous lui « pourrez accorder autant qu'il se pourra faire en ac- « cord avec le service du Roi*, etc. ; » ce qui prouve indubitablement qu'on avait *quelque chose* à reprocher à *l'ancien prisonnier* de M. de Saint-Mars, et ce qui fait tomber une autre supposition de Voltaire, à propos d'une réponse que le Roi Louis XV aurait faite à un de ses valets de chambre. Voyez un peu la convenance et l'utilité d'une distinction pareille en faveur du sieur Laborde !... Les personnes les plus considérables et les mieux informées de mon temps ont toujours pensé que cette fameuse histoire était sans autre fondement que la capture et la captivité du Piémontais Mattioli. Tous les détails ajoutés par Voltaire sont visiblement et risiblement fabuleux. Je crois vous pouvoir assurer que voilà toute la vérité sur le *Masque de fer*.

En l'année 1749, on avait parlé d'une étrange aventure qui venait d'arriver en Bourgogne au fils du subdélégué de Tonnerre, qui s'appelait M. d'Eon de Beaumont (Mme de Louvois les connaissait, parce que leur petite seigneurie de Beaumont relevait de son château d'Ancy-le-Franc). Ce jeune homme était accusé tout à la fois de violence et de séduction par la famille d'une jeune personne qui se serait trouvée dans la situation la plus embarrassante pour une demoiselle et la plus déplorable pour une religieuse, car elle était Chanoinesse d'Alix et dignitaire de son chapitre. On prétendait qu'elle était morte en couches; et son nom ne fait rien à l'affaire.

Comme le chapitre d'Alix est de fondation royale et qu'il a des prétentions au droit de *committimus*, on avait entrepris de faire décliner à cette maison la juridiction du Parlement de Bourgogne et de faire évoquer la cause au grand-conseil; mais l'Evêque d'Autun (M. de Marbœuf) avait commencé par attirer l'instruction préliminaire à son officialité diocésaine pour cause de sacrilége; le chapitre d'Alix ne manqaa pas d'en appeler successivement à l'officialité métropolitaine de Lyon, qui confirma la sentence épiscopale d'Autun, et de là à l'officialité primatiale des Gaules, séante à Lyon, qui consacra la sentence des premiers juges; sentence de blâme contre le chapitre, renvoi du sieur d'Eon par-devant les tribunaux séculiers, appel comme d'abus, procès au grand-conseil, et finalement ordre du Roi pour étouffer toute cette affaire et pour anéantir la procédure.

Les pièces du procès n'établissaient aucune suspicion de violence et non plus de grossesse.

Plusieurs conseillers d'état, et M. Talon notamment, ne doutaient pas que cette poursuite contr le sieur d'Eon n'eût été dirigée par le père de la défunte et par un excès d'inimitié contre ce jeune homme. On n'avait plus rien à prononcer sur la séduction, dont il ne restait aucun produit; la décision de S. M. *proprio motu* n'avait rien de contraire à l'esprit de justice; mais l'intermission de la puissance royale dans une cause aussi minime était surprenante. Le Roi n'en aurait pas fait davantage et mieux s'il avait été question d'un Prince ou d'un Pair ; chacun se demandait ce que cela voulait dire, et toutes ces bonnes têtes carrées du conseil d'Enhaut réfléchissaient continuellement sur cet incident judiciaire.

La Marquise de Louvois ne put s'en taire avec ses amis (1). Elle avait sollicité une audience du Roi pour le Trésorier général de l'ordre de Clair-

---

(1) Félicité-Marguerite de Sailly, troisième femme de François-Louis Le Tellier de Louvois-Rébénac-Souvré-Courtanvaux, Marquis de Louvois, Gouverneur de Navarre et Chevalier des ordres du Roi. C'était une des femmes les plus spirituelles de mon temps. Elle était l'auteur d'un charmant opuscule intitulé *Voyage autour de mon parc*, mais elle n'a jamais voulu le laisser imprimer, et c'est uniquement à cette condition qu'elle en a fait legs à la Marquise de Saint-Chamans, sa belle-fille. Antoine Hamilton n'avait pas plus de délicatesse, de grâce naturelle et de finesse d'esprit, et l'anglais Sterne est bien loin de là pour l'originalité. Mme de Louvois ne voulait écrire, à ce qu'elle disait, que pour six personnes, c'est à savoir, Mmes de Saint-Chamans, de Luxembourg et de Créquy, M. de Craon, un M. Dubaumey (que personne ne connaissait et qui partait comme un trait dès qu'on arrivait chez elle), enfin pour M. le curé de Saint-Jean, qui était son confesseur et qui lui faisait presque toujours brûler ce qu'elle avait écrit. Il faut avouer que la charité n'avait qu'à s'en applaudir. (*Note de l'Auteur.*)

vaux, qui était le beau-frère du Subdélégué de Tonnerre et qui avait élevé le jeune d'Eon dans son couvent. Ce bon moine était porteur d'une déclaration souscrite par le Révérend Père Abbé-général et par le frater de l'abbaye, lesquels affirmaient par Saint-Bernard et Saint-Benoît que, pendant une maladie du *Défendeur*, le chevalier d'Eon, on avait eu l'occasion d'observer qu'il était... ou plutôt qu'il n'était pas dans le cas de justifier la principale accusation dont M. de Carondelet voulait le rendre passible. Tant disaient ces révérends Pères et tant fit Mme de Louvois que Louis XV agit d'autorité pour empêcher une autre poursuite, et l'on apprit, deux mois après, que le jeune d'Eon s'était présenté pour toucher au trésor royal une gratification de quatre mille francs, dont le mandat se trouvait écrit tout en entier de la propre main du Roi. A de longs intervalles et de fois à autre on entendit parler de M. d'Eon qui avait tué son capitaine en combat singulier, du Chevalier d'Eon qui avait reçu la croix de Saint-Louis pour un fait plus honorable, du Chevalier d'Eon, ministre-résident à Saint-Pétersbourg, et finalement du Chevalier d'Eon, chargé des affaires du Roi en Angleterre et diplomate assez intelligent, ce disait-on.

M. le duc de Choiseul ou Mme la Duchesse de Grammont, je ne sais si c'était le frère ou la sœur, mais c'était nécessairement l'un ou l'autre, s'avisa de faire envoyer M. de Guerchy comme Ambassadeur de France à Londres, et ce fut un choix vigoureusement désapprouvé, à raison de l'avarice du personnage et principalement à cause de son défaut de jugement (1). Il ne manqua pas de justifier la mauvaise opinion qu'on avait de son caractère et de son intelligence. A couvert de son franc droit, il avait fait débarquer à Douvres pour soixante mille francs de gros vins rouges et pour environ dix mille écus d'eau-de-vie. On prétendit que les pressoirs et les chaudières de Chanteloup n'avaient pas manqué de fournir matière à cette expédition mercantile ; mais j'ai toujours pensé que M. de Choiseul n'aurait pas voulu descendre aussi bas ni patauger dans un bourbier si fangeux. Parmi tout ce qu'on est en droit de reprocher à sa mémoire, je ne comprendrai jamais la misérable vénalité d'un pareil trafic.

En prenant possession de l'hôtel de notre ambassade à Londres, M. de Guerchy avait commencé par retrancher au Chevalier d'Éon la nourriture, le combustible et l'éclairage, et comme celui-ci n'était pas autrement endurant, il en fit des moqueries qui déplurent beaucoup à M. l'Ambassadeur. L'explication qui s'ensuivit entre eux deux se termina par une paire de soufflets, et par une lettre du Chevalier au Duc de Choiseul, pour le prier de vouloir bien accepter sa démission, attendu qu'il avait eu le malheur de manquer de patience et de respect à l'égard de M. le Comte de Guerchy, et qu'il allait se tenir en dehors des affaires de l'Am-

---

(1) Claude Reignier de Guerchy, Comte de Nangis, lieutenant-général et gouverneur de Huningue. Il avait eu l'honneur d'épouser une demoiselle d'Harcourt, et je crois qu'il est mort en 1779. (*Note de l'Auteur.*)

bassade et des relations diplomatiques, à la disposition de son Excellence. Le Chevalier d'Eon ne s'en tint pas là. Il écrivit et publia contre M. de Guerchy deux mémoires à consulter avec je ne sais combien de pamphlets dont il inonda la France et l'Europe. On n'a jamais vu d'impassibilité stoïque et d'opiniâtreté comparable à celle de ce M. de Guerchy!

Cependant, ledit M. de Guerchy, bien assisté par le Duc de Choiseul, avait fait perdre à M. d'Eon ses pensions. Il avait mangé depuis long-temps l'héritage de son père et vendu son petit fief de Beaumont, dont il avait tiré soixante et tant de mille livres; M. d'Eon vécut pendant quatre ou cinq ans d'économies, de privations même, et les choses en étaient restées dans cette situation-là jusqu'à la fin du ministère de M. de Choiseul.

On apprit alors que M. de Guerchy avait essayé de faire enlever son rude antagoniste afin de nous l'envoyer à Paris pieds et poings liés, ce qui détermina celui-ci à se réfugier dans la cité de Londres et sous la juridiction du Lord-Maire, où les ministres et le gouvernement anglais ne sauraient *attenter à la liberté des citoyens;* c'est ainsi qu'on parle au-delà du Pas-de-Calais.

Il arriva pourtant que M. d'Eon sortit de ce quartier des franchises municipales de Londres, car il eut une rixe violente à Westminster avec un Français nommé Devergy, que l'Ambassadeur avait aposté pour lui chercher querelle en sortant de chez Milord d'Halifax, où l'on avait su que le Chevalier devait aller souper. Il eut grand'peine à se délivrer.

des constables qui voulaient l'arrêter pour avoir troublé *la paix du Roi*. Il a cru reconnaître le même Devergy dans la personne du sieur Caron de Beaumarchais, lorsque celui-ci fut envoyé par le Duc d'Aiguillon pour représenter à cet étrange et inflexible personnage la convenance et la nécessité d'obtempérer aux volontés du Roi; car enfin M. d'Eon se trouvait en possession de plusieurs secrets politiques; le cabinet de Versailles était alarmé de sa résistance opiniâtre, de ses hostilités contre l'Ambassadeur de France, et surtout de sa désobéissance aux ordres de M. d'Aiguillon. La sécurité du Monarque en était troublée, et cette dernière considération parut si bien décisive à notre mécontent qu'il ne trouva plus moyen de résister. L'idée d'avoir pu causer de l'inquiétude à S. M. lui fit tomber de grosses larmes des yeux ; il accéda tristement à tout ce que le duc d'Aiguillon lui faisait demander au nom du Roi notre maître; il engagea sa parole d'honneur de retourner à Paris avant huit jours, et Beaumarchais, qui l'avait trouvé assis sur un baril de poudre, avec un pistolet à la main pour se faire sauter si l'on voulait user de violence, en fut quitte à très bon marché, c'est-à-dire pour ses inquiétudes mortelles et pour sa frayeur en voyant les apprêts d'une pareille disposition stratégique. Obsidionale aurait mieux valu, *sed scripsi quod scripsi*.

Vous trouverez partout ailleurs qu'ici le reste de l'histoire du Chevalier d'Eon, dont je n'ai voulu vous crayonner qu'une ou deux parties les plus secrètes et les mieux dissimulées à la curiosité publique (1). En arrivant à Paris on ne lui rendit que la moitié de sa pension de deux mille écus ; on le contraignit à s'habiller en femme, afin de ménager la réputation de bravoure et la dignité de notre Ambassadeur à Londres. Il allait horriblement affublé d'une robe de femme, une méchante robe noire, avec la croix de Saint-Louis sur le cœur ; avec ses cheveux gris dérisoirement prostitués sous une cornette sale ; il allait faire assaut d'armes, en public, hélas ! et de pair à confrère avec un prévôt de salle appelé Saint-Georges !...

C'était grand deuil et grand pitié, mon Enfant, de voir un gentilhomme français, un chevalier de l'ordre de Saint-Louis, un vieillard employé pour la couronne et connu de l'étranger, qui spadassinait comme sur un théâtre et contre un mulâtre, avec un histrion d'escrime, un gagiste de manége, un protégé de Mme de Montesson ! Quel oubli de la

(1) Charles-Germain-Louis-Auguste-André-Timothée d'Éon de Beaumont, Chevalier de l'ordre royal et militaire de Saint-Louis, et de l'ordre militaire et hospitalier de Notre-Dame du Mont-Carmel, ancien ministre résident auprès du Roi d'Angleterre, ancien ministre plénipotentiaire à Pétersbourg, etc., né à Tonnerre en 1728, mort à Londres le 21 mai 1810. (*Voyez* l'ouvrage intitulé *Vie politique et militaire de mademoiselle d'Eon, Lieutenant-Colonel, Docteur en droit, Censeur royal, etc.* ; Paris, 1779. *Voyez*, relativement au sexe de M. d'Eon, le procès-verbal rédigé à Londres après sa mort, et publié à Paris la même année, avec gravure, par les soins de M^r le pasteur Marron, ministre protestant et président du consistoire de Paris. 1810.) (*Note de l'Éditeur.*)

dignité nobiliaire et quel mépris de l'honneur militaire et national ! Quelle inconcevable distraction de l'autorité royale !... O malheureux temps, funestes jours où l'on a vu la pourpre de France et les fleurs-de-lis contaminées par la prostitution scandaleuse ! Ah ! Duc d'Aiguillon, mon pauvre cousin, que votre ministère a fait de mal et préparé de maux à notre pays ! Combien vos calculs de connivence ou de complaisance ont été coupables ! combien fertiles en scandales, en calamités, en désastres sanglans et sacriléges !

———

Mme de Boulainvilliers, femme du Prévôt de Paris, est, comme on sait, une charitable et angélique personne (1). Elle passe ordinairement la plus grande partie de l'été dans son beau château de Passy, où son mari va souper tous les soirs et d'où il revient à Paris dès cinq heures du matin, pour son audience du Châtelet. J'admire toujours comment il se peut trouver d'honnêtes gens qui veulent bien exercer de pareils offices de judicature aux gages de neuf cent trente-six livres tournois ; mais j'en rends grâces à Dieu quand ce sont des hommes tels que M. Bernard de Boulainvilliers, Comte de Coubert et Marquis de Passy-sur-Seine, ayant soixante mille écus de rente avec du mérite et de l'honneur de reste (c'est celui que nous appelions autrefois le petit Bernard,

(1) Nicole-Marie de Catinat, Baronne de Saint-Mars et dame de Saint-Gratien, mariée en 1769, morte à Paris en 1791. *(Note de l'Auteur.)*

legué etait devenu Boulainvilliers par terre et par mere¹.

En s'en allant de Passy-sur-Seine un beau matin, il entendit mille cris douloureux qui partaient d'une maison de la rue Basse, habitation chétive et délabrée. Il descend de cheval et frappe à la porte de cette maison ; mais comme on n'ouvrit pas et qu'il était pressé d'arriver à Paris, il écrivit quelques mots, avec son crayon, sur un petit papier qu'il envoya porter à sa femme. S'il était question d'un acte de justice ou d'une œuvre de miséricorde, voilà ce que le laquais ne saurait dire aux femmes de Mme de Boulainvilliers, à qui son mari faisait ordonner de la réveiller sur-le-champ. Mme de Boulainvilliers se fait habiller en grande hâte; elle envoie réveiller son valet de chambre chirurgien, fidèle et bon vieux serviteur qui la suivait habituellement dans ses visites de charité, et les voilà partis pour cette maison qui n'était guère éloignée du château de Passy, mais dont la porte était invinciblement close. En s'approchant d'une croisée du rez-de-chaussée, dont les contrevens étaient fermés comme la porte et toutes les ouvertures qui donnaient de ce même côté de la rue Basse, on entendait, par intervalles, un gémissement douloureux, des sanglots étouffés, un cri très aigu parfois ; et du reste aucun mouvement et nul autre bruit dans aucune autre partie de la maison.

Cependant M. de Boulainvilliers avait descendu la Roque des Bons-Hommes, et en passant devant le portail du couvent il aperçut deux personnages étrangement vêtus qui cherchaient à se cacher derrière des matériaux de construction. — Monseigneur?... — Ne parle pas, répondit-il à son piqueux de suite, et la première chose qu'il fit en arrivant à la barrière de Chaillot, ce fut d'envoyer une douzaine de commis pour arrêter ces individus dont le costume avait éveillé sa défiance. Ils se laissèrent amener sans résistance, et du reste ils auraient eu de la peine à résister, car un d'eux n'était vêtu que d'une camisole de nuit attachée par des nœuds de satin rose, et l'autre, qui paraissait moins jeune et moins lâche, était habillé d'une robe de chambre en étoffe brochée, laquelle était tachée de sang du côté droit et principalement sur la manche droite. On lui fait ouvrir les mains qu'il essayait de tenir couvertes, et M. le Prévôt ne manqua pas d'observer que sa main droite était si profondément imprégnée de sang qu'il en avait d'incrusté jusque sous les ongles.

Il était vraisemblable que ces deux malfaiteurs s'étaient évadés de la maison d'où sortaient les cris qui avaient frappé M. de Boulainvilliers, et qu'en entendant heurter à la porte ils s'étaient enfuis précipitamment par le jardin qui aboutissait sur le quai de la Seine. Tout donnait à supposer qu'ils ne cherchaient qu'à s'introduire en-deçà de la barrière, afin de s'y jeter dans une voiture de place et de pouvoir se cacher à Paris dans quelque réduit obscur; mais ceci ne faisait pas le compte de notre matineux et très soigneux magistrat, qui les fit garder au bureau des commis jusqu'à ce qu'il eût envoyé des gardes de la prévôté pour les conduire à son hôtel de la rue Bergère, afin de les y pouvoir interroger ponctuellement avant de les faire emprisonner, si le cas l'exigeait (1).

Il ne faut pas s'imaginer que les magistrats de ce temps-là fissent appréhender au corps et emprisonner les gens *à la légère*, comme dit le peuple. Hormis dans les cas de lettre de cachet et les flagrans délits de police, chacun pouvait être en pleine sécurité d'aller coucher dans son lit : témoin cette réponse de M. de Lauraguais au lieutenant-général de police qui l'avait fait prier de passer chez lui, pour y porter un témoignage : « Si vous avez quelque chose à me
« dire, ayez la bonté de venir chez moi, Monsieur ;
« je ne suis ni catin, ni boue, ni lanterne. »

Que vous dirai-je de cette étonnante et révoltante vision de Mme de Boulainvilliers, quand, d'après l'avis de son Baillif, elle se fut décidée à faire enfoncer la porte afin d'entrer dans cette chambre basse ? C'était une femme attachée sur un établi de menuisier qu'elle y trouva. Elle avait une jambe écorchée tout au vif et son sang avait inondé le pavé de la salle. Il y avait à terre un scalpel de chirurgien, des tenailles, et je ne sais quel infâme instrument ensanglanté... On trouva dans une chambre au premier étage un lit défait, des habits d'homme élégamment brodés, une épée, des parfums, un pot de rouge, et de plus un petit portefeuille qui con

---

(1) L'hôtel de Boulainvilliers est celui qu'occupait dernièrement la famille Rougemont de Lowemberg. Les propriétaires actuels ont eu le bon goût de ne rien changer à la disposition régulière du jardin, ce que tout le monde approuve en se promenant sur le boulevard Poissonnière. (*Note de l'Éditeur.*)

tenait une lettre à l'adresse de *M. le Comte de Sade, poste restante à Paris*. Elle était timbrée de Marseille et l'on y faisait un horrible récit de la trouvaille de ces deux corps qu'on avait pêchés dans un étang. La malheureuse femme avait fini par s'évanouir d'angoisse et de souffrance mortelle ; Mme de Boulainvilliers la fit panser et servit elle-même à lui rajuster la peau sur la jambe, avec une sollicitude admirablement courageuse. Enfin quand la connaissance lui fut revenue et que l'hémorragie fut comprimée, voici la déclaration qu'elle fit en substance et que le Baillif écrivit sous sa dictée.

Un homme de trente-quatre à trente-six ans, de grande taille, assez replet, ayant tous les traits de la figure parfaitement réguliers, la peau du visage extrêmement rouge, les yeux d'un bleu très clair et le regard insidieusement doux et faux, était venu louer cette maison dont elle était portière. Il avait payé deux termes d'avance ; il n'avait pas voulu permettre qu'on y fit les réparations les plus nécessaires et n'avait pas voulu dire son nom. Il arrivait quelquefois au milieu de la nuit avec d'autres personnes, et le plus souvent il ouvrait la porte au moyen d'un passe-partout, à petit bruit, sans entrer dans la loge de la portière et sans lui permettre d'en sortir, ayant toujours soin d'en tourner la clef pour l'y renfermer jusqu'à l'heure de son départ. . . .

. . . .

ce serait, disait-il en contractant sa bouche et faisant sourire ses yeux de tigre, une légère incision pour essayer l'effet d'un onguent admirable ; il n'y paraî trait plus au bout d'un demi-quart d'heure; il y avait dix louis d'or à gagner; et voilà cette misérable femme qui se laisse attacher sur l'établi. . . .

. . . .

. . . .

Quand elle entendit qu'il était question de l'écorcher vivante, elle en fit un soubresaut qui déplaça la serviette qui lui servait de bâillon; elle se mit à pousser des cris affreux; et la Providence avait permis que ce fût à l'instant même où M. de Boulainvilliers passait devant la maison.

Pour abréger cette affreuse histoire, je vous dirai que cette malheureuse, qu'on avait fait transporter au château de Passy, mourut dans la soirée du même jour, et par effet du tétanos, à ce que dirent les médecins, car on ne put découvrir aucune trace de poison dans son cadavre.

Elle n'avait pas eu le temps ou la force de pouvoir signer sa déclaration, qui n'avait eu pour témoins que le Baillif du Marquisat de Passy qui l'avait écrite, et la Marquise de Passy qui l'avait entendu faire; et voilà qui produisit une étrange difficulté pour la poursuite et l'instruction du procès, parce que l'exercice des justices seigneuriales était entravé par une foule d'exigences de nouvelle date, et que M. le Prévôt de Paris, qui se montrait habituellement très difficile et très rigoureux pour les justiciers seigneuriaux de la mouvance du Louvre, ne voulut pas qu'on eût à lui reprocher d'avoir eu moins de sévérité pour une instruction souscrite par son officier féodal et dans une affaire émanée de sa juridiction privée. Le Comte de Sade opposa toujours cette fin de non-recevoir à la déclaration de la défunte, et celle de non-lieu pour l'accusation. Il avait agi de concert avec cette femme, à ce qu'il osait dire, et c'était à dessein de faire essai d'un baume qui devait cicatriser les blessures en un tour de main, ce qui deviendrait infiniment précieux dans les armées du Roi de France et pour l'humanité tout entière. Les juges d'instruction ne pouvaient l'écouter sans horreur, mais le respect des formes l'emporta sur le fond, et si le Comte de Sade ne fut pas pendu, ce fut grâce à la délicatesse et la probité magistrale de M. de Boulainvilliers. Le Roi n'y perdit pas ses droits, comme de juste, et cet abominable homme est renfermé chez les frères de Saint-Lazare à perpétuité, par lettre de cachet, grâce à Dieu, n'en déplaise à ces messieurs de l'Encyclopédie qui voudraient dénier au Roi le pouvoir de faire emprisonner quelques mauvais sujets, et jusqu'à des criminels adroits contre qui les lois ou la judicature ne peuvent rien. Je défie qu'on ait jamais entendu parler d'un seul abus en fait de lettres de cachet, à moins que ce ne fût à l'occasion de ce banquier de Bordeaux à qui Mme de Langeac avait voulu faire une malice ; et ce qu'il en résulta, c'est que Mme de Langeac fut exilée par lettre de cachet à Saint-Étienne-en-Forez. A qui donc Voltaire et M. Diderot peuvent-ils adresser et veulent-ils faire agréer leurs déclamations contre les lettres de cachet ? à des scélérats et des filous, apparemment(1).

(1) Donatien-Alphonse-François de Sade, Comte de Sa-

mane en Venaissin et Seigneur de Lacoste-Mazan. L'Abbé de Sade, son oncle, qui était un grand-vicaire de Narbonne, avait employé quarante ans de sa vie pour ajuster la généalogie de leur famille, qu'il fait descendre de la belle Laure, et du reste la mère du Comte de Sade avait été Dame pour accompagner la Princesse douairière de Condé. C'étaient des gens de condition, mais très pauvres, et ce qu'on appelait des *Marquis du Pape*. Ce Comte de Sade avait épousé la fille du Président de Montreuil avec une assez belle dot. Il avait trouvé moyen de s'évader du couvent des Lazaristes et puis du château de Miollans, où l'avait fait emprisonner le Roi de Sardaigne. Condamné à mort en 1772, par arrêt du Parlement de Provence, il osa se présenter pour purger sa contumace et pour obtenir la révision de son jugement, en 1777. Faute de preuves encore subsistantes, il fut libéré de la peine capitale et renvoyé pour être emprisonné perpétuellement dans le donjon de Vincennes; mais on trouva moyen de le faire échapper à Lambesc, après avoir enivré les gens de son escorte. On finit par le découvrir et l'arrêter dans les environs de Paris, en 1778. Il a passé treize ans dans les châteaux de Saumur et de Pierre-Encise, où l'on dit qu'il a composé des ouvrages abominables. La révolution l'a trouvé renfermé dans une chambre de la Bastille, sans papier ni plume, sans relations avec aucun domestique, et réduit à faire lui-même son lit. On lui passait sa nourriture au travers d'un guichet; mais on ne sait comment il eut connaissance du décret qui rendait la liberté à tous les prisonniers détenus par lettres de cachet, et M. de Launay fut obligé de lui ouvrir les portes de cette forteresse en 1789. On voit dans les journaux, en cette présente année 1792, qu'il est secrétaire de la société populaire de la section des Piques et qu'il y fait des motions contre les tyrans. (Note de l'Auteur.)

Le gouvernement du Directoire n'avait pas manqué de proger la personne de M. de Sade et d'encourager la publication de ses écrits. La première chose qu'a faite Buonaparte a été d'envoyer cet infâme auteur à l'hôpital des fous à Charenton. A la suite d'une indignité qu'il y a commise, on l'a fait transporter à Bicêtre; mais comme il y fomentait la corruption parmi les prisonniers, on l'a ramené dans cette maison des fous où la surveillance est moins difficile. Le docteur Gastaldy, médecin de l'hospice et compatriote de M. de Sade, a imaginé de lui faire jouer la comédie, occupation salutaire aux aliénés, à ce qu'il prétend, et l'on admet quelquefois à ces représentations un certain nombre d'étrangers. Ayant été dans cette maison pour y recommander notre pauvre abbé de L. N., le directeur me proposa d'entrer dans la tribune de son théâtre où j'allais trouver bonne compagnie, et j'avouerai que je ressentis la curiosité de voir un pareil spectacle. M. de Sade était devenu d'une obésité saillante ; il était vêtu d'un habit brodé comme un homme de la cour en 1786, mais sa coiffure était plus moderne et les parfums qu'elle exhalait nous suffoquaient. Son jeu ne manquait pas d'intelligence, mais toute sa personne était d'une afféterie singulière, sa physionomie avait quelque chose d'emmiellé, de pernicieux, de pervers, et d'une fausseté révoltante : je crois que personne ne saurait oublier l'impression de cette figure-là. Il y avait dans la tribune où me fit entrer M. Coulmier Mmes de Coislin, de Boufflers et de Carignan (celle qui est la fille du duc de Saxe Courlande); la Princesse Sapieha, née Comtesse Zamoïska ; plusieurs membres du corps diplomatique, et, ce me semble, le Comte de Sabran, fils de Mme de Boufflers. Je cite mes témoins parce que la chose est à ne le pas croire, attendu que M. de Sade y jouait le rôle du *Méchant* dans la comédie de Gresset. Pendant un entr'acte arrive Gastaldy, ce docteur des fous, qui dit à Mme de Boufflers que M. le Comte de Sade avait l'honneur d'appartenir à M. de Sabran, son premier mari, et qu'il demandait à venir lui faire sa révérence Mortel embarras de Mme de Boufflers et voilà M. de Sade côté de nous et nous parlant d'hommages respectueux, de salutations empressées, du désir de nous faire sa cour, et autres sonneries creuses insupportables. — Monsieur, vous avez joué le Méchant *comme un ange !* lui dit naïvement cette bonne Marquise ; et quant à moi, je m'étais contractée dans mon coqueluchon ; je le voyais toujours avec sa robe de chambre de Passy, et du sang dans les ongles. (*Deuxième note de l'Auteur*)

Plusieurs des personnes qui se trouvent appelées en témoignage par Mme de Créquy sont encore vivantes, notamment M. le Comte Elzéar de Sabran et Mme la Princesse de Carignan, mere du Roi de Sardaigne. Nous ajouterons à cette notice de Mme de Créquy sur le Comte de Sade qu'il est mort à l'hospice de Charenton, le 2 décembre 1814, âgé de 75 ans. L'abbé Costaing de Pusignan nous paraît avoir prouvé dans une dissertation qu'il a fait imprimer à Paris, en 1819 : 1° que la belle Laure était morte sans avoir été mariée ; 2° qu'elle ne s'appelait pas *de Noves;* 3° que c'était une Princesse de la maison de Baux ; 4° que la généalogie fabriquée par l'abbé de Sade était un tissu d'absurdités. *(Note de l'Éditeur)*

CHAPITRE VII.

Le petit roman. — Premier billet de part. — La Novice. — Le quartier d'Antin. — L'étiquette pour les billets des princes. — La Chanoinesse. — Les quatre grands-chevaux de Lorraine. — Le Maréchal et la Maréchale de Beauvau. — Mme de Craon. — L'Archevêque de Paris. — La prise d'habit. — Le nonce du Pape et l'Abbé de Bernis. — Un couplet galant. — Mot du Maréchal de Tessé. — La Duchesse d'Orléans. — Sa conduite à l'église. — Mot du Dauphin à son sujet. — Le Maréchal de Brissac et son dialecte gaulois. — Un arrêt du grand-conseil. — Le Vicomte de Gondrecourt. — Second billet de part. — Annonce de la *Gazette de France*.

Quelques années avant l'époque où nous voici parvenus, il était arrivé dans la société de Paris une aventure dont le fonds n'avait rien d'extraordinaire, mais dont le dénouement nous parut agréablement romanesque ; et comme j'entretenais une correspondance intime et des mieux suivies avec la Marquise de Louvois, pendant qu'elle était dans sa vice-Royauté de Navarre, je lui en avais écrit le récit en forme de nouvelle, où j'avais laissé tous les noms des personnages en blanc, afin d'exercer son intelligence, et peut-être aussi pour essayer mon aptitude à faire des portraits. Mme de Louvois reconnut tout le monde, et nous répliqua par l'envoi d'une charmante comédie sur le même sujet, avec le nom de chaque personnage exactement indiqué, ce qui lui valut ainsi qu'à moi des félicitations à n'en pas finir. Comme dans cette petite composition littéraire il n'y a que la forme de romanesque, et que tous les détails de l'historiette y sont absolument vrais, je me décide à la faire inclure ici telle quelle et sans révision, pour m'épargner la fatigue et l'ennui d'en exprimer la substance. Ce qui m'encourage à vous la donner dans sa première forme de petits dialogues à la mode anglaise, c'est qu'on trouva que les personnages y parlaient conformément à leurs caractères et leurs habitudes. Enfin, voici l'original de cette nouvelle, à qui j'avais donné le titre de LA PRISE D'HABIT, OU LES BILLETS DE PART.

M.

Vous êtes prié d'assister à la prise d'habit, vêture et profession religieuse de TRÈS HAUTE ET TRÈS PUISSANTE DAMOISELLE, MADAMOISELLE HENRIETTE-JACQUELINE-OLYMPE-ANASTASIE DE LENONCOUR DE HEROUWAL DE BAUDRICOURT, dont les cérémonies auront lieu le samedi 14 du présent mois de mars, en l'église de l'Abbaye Royale de Panthemont, rue de Grenelle, à Paris.

La profession sera reçue par Illustrissime et Révérendissime Seigneur, Monseigneur CHRISTOPHE-HENRY DE BEAUMONT DU REPAYRE, Archevêque de Paris, Duc de Saint-Cloud, septième Pair ecclésiastique de France, Seigneur d'Ivry, Bercy, Conflans-Sainte-Honorine et autres lieux, Prélat-Commandeur de l'ordre royal du Saint-Esprit, Conseiller du Roi en tous ses conseils, Premier Conseiller d'honneur et Conseiller-né au Parlement de Paris, etc., etc., etc.

Monseigneur Pie-Sinibald-André Doria des Princes de Melphe et de Colombrano, Noble Génois, Archevêque d'Amathonte *in partibus infidelium*, et Nonce Apostolique en Cour de France, y donnera le Salut et Bénédiction Papale, avec application d'une indulgence plénière.

Le sermon sera prononcé par Messire François-Joachim-Gabriel-Archange de Pierre de Bernis, Chanoine et Comte de Lyon, Grand-Chambrier de la Basilique Archiprimatiale de Saint-Jean, et l'un des quarante de l'Académie française.

VENI, CREATOR OPTIME !

« Voilà ce qui s'appelle un billet régulier !
« L'endosseur est un juif à ne rien oublier,
« Et les pauvres enfans auront bien de la peine
« A pouvoir échapper de sa griffe inhumaine ! »

— Et certainement, qu'il ne manque rien à ce billet ! La comtesse est une personne des temps nobiliaires et des siècles passés ; les généalogies et l'héraldique sont les seules choses qui ne lui paraissent pas indignes de l'occuper, et l'on dirait que sa vie est la continuation de celle de ses ancêtres. Elle ne parle que de cimiers, de fourches patibulaires et de retrait féodal. Elle rêve de sinople et de menu-vair ; elle connaît l'importance de la brisure et la signification d'un pal brochant sur le tout ; c'est une habile femme. (1).

(1) Christine-Alberte de Récourt de Lens de Rupelmonde, née Comtesse de Warangest et de l'Empire, morte Princesse Abbesse du Chapitre impérial de Thorn, en 1789, âgée de 71 ans
(Note de l'Auteur.)

— Voici donc septante et quatre invitations pour Versailles, disait un petit monsieur vêtu d'un habit de tricot noir à un grand homme de livrée galonnée à *la Bourgogne*. (On voit qu'il était PREMIER LAQUAIS de la maison.) — En voici trois cent nonante pour notre quartier du faubourg Saint-Germain, ensuite une vingtaine environ pour le quartier des Capucines, à partir de la place Vendôme et jusqu'en dehors de la porte Saint-Honoré. En voilà cinq ou six pour le Marais. (Madame a dit qu'il ne fallait jamais faire semblant de mépriser les parlementaires.) — Vous enverrez tout exprès un homme à cheval afin de porter un billet pour M. le Comte de Mercy, l'Ambassadeur impérial! — A-t-on jamais eu l'idée de s'aller établir sur le rempart des Poissonnières! Enfin tâchez d'envoyer quelqu'un d'intelligent qui puisse dénicher M. le Commandeur de Crussol, car il est nouvellement logé, comme un éperdu qu'il est, dans ce mauvais quartier de l'hôtel d'Antin, par-delà le rempart des Vinaigriers et la rue Basse. On a dit à la grand'poste que c'était au coin d'une rue qui doit porter le nom de M. de Caumartin, le Prévôt des Marchands. Informez-vous-en; qui cherche trouve. — Envoyez-y Comtois, si vous voulez; mais faites-lui mettre des guêtres en cuir, car on dit qu'il y a toujours dans ces rues de la Chaussée une boue! comme aux bas-côtés d'un chemin de village.—Quel misérable quartier de petites gens, sans aucun vieil édifice et sans aucun lieu dont on ait mémoire!... Pas une église, et pas une rue qui n'ait un nom bourgeois! Jamais le bon Dieu n'a passé par là, comme on dit.....

— Mais, monsieur Tiercelet, lui répliqua le Premier-Laquais, c'est Comtois qui doit faire la course du marais et qui doit s'en revenir par l'hôtel d'Uzès, qui est tout en haut de la rue Montmartre ; je crois bien qu'il ne pourra pas le même jour...

— Envoyez-y donc Lafrance ou Bourguignon, mais n'allez pas envoyer en commission, dans un quartier comme celui de l'hôtel d'Antin, ce nigaud de Champagne ou cet empêtré de Langevin, car ils ne s'en tireraient jamais !.....

M. Tiercelet de La Barotte, secrétaire-intendant de Mme la Comtesse de Rupelmonde et Warangest, avait mis de côté huit invitations manuscrites et non pas *moulées* comme les autres. — Voilà nos billets pour les Princes et Princesses du sang, se dit-il en regardant sa belle écriture bâtarde avec un œil de complaisance et de satisfaction. Il n'avait eu garde d'y mettre du sable non plus que de la poussière de bois rouge ou de verre de couleur, à cause du danger pour les yeux de LL. AA. SS., et surtout pour se conformer à l'étiquette établie par M. le Maréchal Duc de Villeroy, qui, pendant la minorité du Roi, craignait toujours qu'on n'empoisonnât sa Majesté dans un placet. M. Tiercelet prit ensuite un large cachet *parti de trois et coupé d'un trait*, ce qui compose un bel écartelé de huit alliances et huit blasons, sans compter l'écu de famille *en abîme*. C'était un fameux cachet de fille (en losange), avec une décoration chapitrale et la devise de Rupelmonde QUY-QU'EN-GRONGNE ! Il en scella proprement les invitations princières avec de la cire noire, ainsi qu'il est prescrit dans tous les cas de cérémonies votives, en signifiance de ce que toutes les personnes dévouées à la profession religieuse ont toujours été vouées au noir, *ipso facto*. Ce fut une opération parfaitement satisfaisante pour M. Tiercelet, sinon pourtant que la croix de Chanoinesse était mal venue sur une des empreintes, et que le *cry-de-guerre-en-provocation* ne s'y trouvait pas marqué très distinctement Heureusement que c'était sur le billet destiné pour S. A. S. Mademoiselle de Sens, à qui, suivant ses ordres, on ne remettait jamais de billets de part, dans la crainte qu'ils ne lui apprissent la mort de quelqu'un, n'importe qui.

— Allons donc, La Barotte ! allons donc ! et dépêchez-vous si vous pouvez ! s'écria virilement et brusquement la Comtesse de Rupelmonde en entrant dans son arrière-cabinet où travaillait l'intendant. — Qu'est-ce donc que vous avez fait là ? poursuivit-elle avec un accent d'amertume et d'irritation surprenant. D'où venez-vous ? D'où sortez-vous ? Tombez-vous des nues ? Comment, m'sieur d'La Barotte, depuis le temps que vous êtes à moi, vous n'en savez pas davantage, et vous me faites de pareilles... de pareilles sottises ! permettez-moi de vous le dire. — Mais, Madame... j'ignore absolument ce que Madame... — Comment, monsieur, vous allez cacheter des lettres en noir en écrivant à des Princes du Sang, tandis que la cour n'est pas en deuil ! Vous voulez donc me faire passer pour une imbécile et me faire devenir la fable de la cour et de la ville ? Tenez, les voilà dans le feu, vos billets cachetés en noir !.... En noir, à des Princes du Sang qui ne sont

pas en deuil !. C'est-à-dire que j'en ai la fièvre! et jugez
ce qui serait arrivé si je n'avais pas eu la bonne
inspiration de venir voir où vous en étiez !...

M. Tiercelet se remit à l'ouvrage avec un air de
soumission contrite et résignée, parce que Madame
la Comtesse Brigitte de Rupelmonde était une grande
dame de quarante à soixante ans, passablement robuste, exigeante, altière, un peu violente et prodigieusement impatiente à l'égard de ses valets. Elle
avait la voix masculine ; elle avait la peau couleur de
bistre, avec des yeux verts ; elle était pourvue de
sourcils volumineux ; et du reste, elle était Coadjutrice du Très noble et Insigne Chapitre de Sainte-
Aldegonde de Maubeuge, en survivance de la Princesse Marie de Beauvau, qui passait avec raison
pour être la plus jeune et la plus charmante Abbesse
de l'univers canonical.

La Comtesse Brigitte était donc Chanoinesse de
Maubeuge, et c'est à cause de cela qu'elle avait une
bordure d'hermine à sa robe noire, un affiquet d'i-
voire armorié sur le haut de la tête, un corset
fermé comme celui des mignons d'Henri III, et,
brochant sur le tout, un beau cordon ni plus ni
moins large, et ni plus ni moins bleu que celui d'un
Chevalier du Saint-Esprit. Il est à considérer que
les trente-deux quatiers de la Coadjutrice étaient
fournis par les LÉNONCOUR, les LIGNEVILLE, les du
CHATELET et les d'HABAUCOURT, c'est-à-dire par des
quatre *grands chevaux* de Lorraine (excusez du peu !).
En outre, il est bon d'ajouter qu'elle était la tante et
la tutrice de Mlle Henriette de Lénoncour, qui devait
prononcer ses vœux d'obéissance absolue, de réclu-

sion claustrale et de chasteté perpétuelle, à l'abbaye de Panthemont, le samedi 14 mars.

— On aurait cru que vous pouviez la faire recevoir et la garder avec vous dans votre chapitre, lui dit insidieusement et malicieusement la Présidente Hocquart. (Notez que c'était dans la soirée du 13 au 14 mars, à l'hôtel de Beauvau.) — Madame, elle a malheureusement deux quartiers de robe du côté de sa mère, lui repartit aigrement la Coadjutrice; sa noblesse n'est plus chapitrale, et d'ailleurs elle est trop romanesque et trop inexpérimentée pour que je me charge de sa direction. (— C'est-à-dire qu'elle est trop jeune et trop jolie pour que vous souffriez qu'elle reste auprès de vous, pensa charitablement la Présidente.) La Marquise de Boufflers lui dit ensuite avec son air distrait et désintéressé que c'était véritablement un meurtre, et qu'elle aurait dû marier sa nièce avec son cousin, le petit de Gondrecourt. Mme de Rupelmonde ne répondit pas. On a prétendu qu'elle avait rougi, mais l était malaisé de s'en apercevoir. Autant vaudrait ious dire qu'on ait vu rougir une brique rouge, ine figure en terre cuite, ou, si l'on veut, une roue de carrosse, à travers une couche du plus épais vermillon.

Tout de suite après qu'elle fut partie, Mme de Craon se prit à dire à voix basse et d'un ton mortifié : — J'ai peur que la Coadjutrice ne soit une méchante femme. — Ma sœur! elle a toujours passé pour un diable incarné, lui répondit le Maréchal de Beauvau; d'où vint que la Princesse de Craon fut couragée par cette réplique de son beau-frère, et qu'elle entreprit de justifier son observation par le récit qui va suivre.

Elle dit qu'elle avait été deux jours auparavant faire une visite à Mlle de Lénoncour à la grille de son parloir, et qu'après quelques momens de silence, occupés à se regarder tristement, cette jolie novice avait dit, avec un accent désespéré, qu'elle désirait que le Ciel lui fît la grâce de pouvoir un jour pardonner à son cousin tous les chagrins dont elle était accablée depuis six mois. — Eh! comment donc cela? quelle sorte de chagrins, mon enfant? Je vous croyais, d'après ce que nous a dit Mme votre tante, une vocation toute naturelle et bien décidée?...
— Il est marié, répondit-elle en étouffant de sanglots. — Marié?... je ne le savais pas, ma toute belle... En êtes-vous bien sûre? — Hélas! rien n'est si vrai, Madame! et c'est ma tante de Rupelmonde qui me l'a dit.

— Lui, marié, le Vicomte?... s'écria subitement le Chevalier de Chastellux; s'il est marié c'est avec la rage ou la mort! Oh! la méchante Rupelmonde! Oh! la furie jalouse et vindicative! Elle aura beau faire, au surplus, il a pour elle une exécration dont elle ne triomphera jamais!

— Eh! mon bon Dieu, dit la Maréchale de Mirepoix, est-il à supposer qu'on puisse être d'une folie pareille, à l'âge de la Comtesse? et encore pour le Vicomte, qui serait son petit-fils!... Je croirais plutôt qu'elle a noué cette vilaine intrigue à dessein d'hériter de cette pauvre Henriette, qui est sa pupille et sa nièce, et qui n'a pas moins de vingt mille écus de rente, à ce qu'on dit.

— Quelle horreur et quelle infamie ! s'écria-t-on de partout. Quelle abjection dans une personne de qualité ! quel abominable procédé pour une parente ! mais surtout quelle indignité de la part d'une Chanoinesse, d'une religieuse ! — Laissez-nous donc tranquilles, avait dit Mme de Coislin ; rien n'est plus insolent que les bourgeoises qui jouent à la Madame, et il n'y a pas de pires diablesses que celles qui jouent à la dévote !... — Mais, Prince, interrompit la maîtresse de la maison en s'adressant à son mari, n'approuveriez-vous point que j'allasse en parler à M. l'Archevêque ?... Je n'aurais pas un moment à perdre, ajouta-t-elle avec un air de résignation digne et calme ; vous savez que cette profession doit avoir lieu ce matin ? les vœux doivent être prononcés dans quelques heures !...

Le Maréchal inclina sa tête avec un air d'assentiment respectueux, et vingt minutes après la Maréchale-Princesse de Beauvau se trouvait à la grille de l'Archevêché, dont elle eut assez de peine à faire éveiller les suisses, attendu qu'il était deux heures et demie du matin (1).

Trois heures sonnaient à l'horloge de Notre-Dame lorsque les deux suisses qu'elle avait fait réveiller en sursaut (c'est la Maréchale et non pas la

---

1) Marie-Charlotte-Sylvie de Rohan-Chabot, mariée en premières noces à Jean-Baptiste-Henry de Clermont-d'Amboise, Marquis de Resnel, remariée en 1764 à Charles-Just de Beauvau, prince du Saint-Empire et Maréchal de France ; morte à Paris en 1807, âgée de 78 ans.

sonnerie) arrivèrent méthodiquement à la portière de son carrosse, avec leur hallebarde à la main. Ils avaient eu l'attention de s'habiller en grande livrée couleur de buffle, à galons amaranthe nattés d'argent ; ils n'avaient eu garde de manquer à passer leurs baudriers à franges, où l'on voyait attachées de longues rapières ; ils étaient coiffés d'un tricorne exigu surmonté d'un plumet aux couleurs de Beaumont-des-Adrets. C'est pour tout cela qu'ils avaient fait attendre Mme la Maréchale pendant une demi-heure, et quand elle eut déclaré qu'elle voulait parler à M. l'Archevêque, on lui répondit que sa Grandeur était ou devait être en retraite au séminaire de Saint-Magloire, à moins qu'elle ne fût allée passer la fête de Saint-Bruno avec les Révérends Pères Chartreux de la rue d'Enfer, ou bien qu'elle ne fût allée se reposer en son château de Conflans-Sainte-Honorine. On supposait aussi que Monseigneur était peut-être allé coucher à Saint-Cyr, où M. l'Évêque de Chartres ne manquait jamais à l'inviter pour le service anniversaire de Mme de Maintenon. Il était donc impossible de savoir où trouver Mgr de Beaumont avant le moment de son entrée dans l'église de Panthemont, pour la cérémonie du matin ; le jour commençait à poindre, et Mme de Beauvau s'en retourna bien affligée.

La Maréchale revint au monastère de Panthemont dès sept heures du matin, et fit dire à l'Abbesse qu'elle serait bien aise de lui parler le plus tôt possible. Mme de Richelieu fit répondre qu'elle ne pouvait aller au parloir parce qu'elle était obligée de se rendre au chœur, à l'office des heures canoniales,

Mme de Beauvau lui fit demander s'il ne serait pas possible qu'elle pût entrer dans le couvent pour lui faire en deux mots une révélation des plus importantes ; et Mme de Panthemont fit répliquer que la chose était impossible, à moins d'en avoir obtenu la permission de l'Archevêque de Paris. Mme de Beauvau remonta dans sa voiture, et s'établit stationnaire à la porte de l'église, afin d'y guetter l'arrivée du Prélat.

Cependant les carrosses dorés, les vis-à-vis à sept glaces, et les voitures princières et ducales avec leurs impériales en velours cramoisi, les magnifiques attelages à six chevaux empanachés et harnachés de riches galons de livrée, enfin la foule bruyante et bariolée des laquais, remplissaient la belle rue de Grenelle, en obstruant tous les abords de Panthemont. Il était onze heures sonnées, lorsqu'un valet en habit de drap d'argent galonné de velours cramoisi s'approcha précipitamment du carrosse de sa maîtresse. — Madame la Maréchale, M. l'Archevêque est arrivé par l'intérieur : il est entré par la porte du cloître ; il est déjà dans le sanctuaire et la cérémonie va commencer. Mme de Beauvau s'empressa d'écrire quelques lignes sur ses tablettes, en ordonnant à son grand laquais de fendre la presse et de la conduire à la sacristie sans perdre un moment.

L'église était décorée de superbes tapisseries, au-dessus desquelles on voyait régner une litre de damas blanc frangée d'or et couverte d'écussons armoriés ; on avait suspendu, suivant l'usage, un large pennon blasonné des armes et des alliances de cette noble fille à la place de la lampe du sanctuaire,

« luminaire éteint pour les mystiques joies de l'époux céleste, » ainsi que M. l'abbé de Bernis avait médité de le dire en son sermon. Les Menus-Plaisirs avaient fourni les riches tapis qui recouvraient la mosaïque et les admirables pavés de cette charmante église. Les lustres, les torchères et les girandoles du Roi s'y voyaient à profusion ; mais comme il ne s'y trouvait pas exactement autant de fauteuils que de dames invitées, celles qui furent obligées de se contenter d'une chaise de velours à dossier se plaignirent infiniment de l'intendant des Menus, le sieur Papillon, à qui l'on reprocha généralement d'avoir ajouté à son nom celui de la Ferté. Madame la duchesse de la Ferté, qui vivait encore, et à qui l'on disait souvent : — Comment souffrez-vous cela? répondait judicieusement : — Il faudra toujours bien qu'ils ajoutent *Papillon* au nom qu'ils viennent de prendre; ils n'oseront jamais se faire appeler MESSIEURS DE LA FERTÉ tout court; ainsi qu'est-ce que cela nous fait?

Le sanctuaire était rempli de nobles évêques en soutane violette, de Chanoines en grand habit de chœur avec l'aumusse de petit-gris sur le bras, de vénérables Bénédictins, Bernardins, Feuillans, Récollets. Minimes et Capucins avec leurs différents costumes si variés et si pittoresques.

On voyait au milieu de ce concile œcuménique la grande figure historique de Monseigneur Christophe de Beaumont, entouré de ses quatre Archiprêtres et de ses Vicaires-Généraux. Il était assis au juste milieu de l'assistance et le dos tourné contre l'autel. Quand il avait les yeux baissés, sa figure pâle et sévère avait quelque chose d'inanimé, de sépulcral et de mortuaire, on pourrait dire; mais aussitôt qu'il avait fait étinceler sur vous ses grands yeux noirs, dont le regard ouvert était si profondément animé, si pénétrant et si ferme; on était comme ébloui de son ardeur pour le triomphe de sa foi : on en restait subjugué par la vénération.

A droite et à quelque distance de M. de Paris on voyait une petite figure prélative, adossée contre le siége d'un grand fauteuil (et non pas assise, à raison sans doute de la difficulté qu'elle aurait éprouvée pour y monter et pour en descendre à propos). C'était une figure de nain si régulière et si modeste, si spirituelle et si convenablement digne, que le ridicule ne s'y pouvait appliquer. C'était Monsignor Doria, le Nonce Apostolique, habile et fin diplomate, à qui l'exiguïté de sa taille et la prudente concision de toutes ses réponses avaient fait donner par madame de Créquy un surnom doublement juste; elle le nommait le *bref du Pape.*

Non loin de M. le Nonce, on remarquait un jeune Abbé bien poudré, bien mis, en belle soutane de moire avec un charmant surplis en dentelle d'Alençon. Il portait la grande et noble croix fleurdelisée du chapitre de Lyon, qui lui tombait sur la poitrine au moyen d'un large ruban couleur de feu. Il lisait fort assidûment dans son bréviaire, en ayant soin d'observer si l'Envoyé de Rome avait l'air édifié de sa régularité.... Il avait le teint d'une jeune fille, et c'était la fleur des abbés de Versailles, où Mme de Pompadour l'avait surnommé familièrement *Suzon la Bouquetière.* Enfin c'était M. l'Abbé Comte de

Bernis, qui se disposait à prêcher un sermon des plus édifians.

Malheureusement pour l'édification de son auditoire, il avait laissé tomber de son livre de prières, en entrant dans l'église, un petit papier à vignettes, qui fut ramassé par le Marquis de Valbelle, et qui circula de mains en mains parmi les jeunes Seigneurs. MM. de Talaru, de Vérac et de Flamarens protestèrent que l'écriture de ce papier était celle de l'Abbé de Bernis. M. l'Abbé de Talleyrand-Périgord, (qui se tenait déjà parmi les laïcs) affirma que ces jolis vers étaient destinés pour la Coadjutrice de Maubeuge, et du reste voici le couplet en question :

A MADAME LA C. B. DE R.

C. DU CHAP. DE M.

(Sur l'air : *Du serin qui te fait envie.*)

« Heureux celui dont la tendresse
« Des mains de l'hymen l'obtiendra,
« Et qui, conservant la *Comtesse*,
« Nous la *déchanoinisera* !
« Heureux, qui fera ses délices
« De prouver à ce cœur chéri
« Que le meilleur des *bénéfices*
« Est bien moins bon qu'un bon mari ! »

L'assemblée n'était pas des moins illustres, et, hormis la famille royale, toute la haute aristocratie s'y trouvait au grand complet. Mlle de Sens attirait tous les yeux, parce qu'elle était coiffée d'une barrière à l'Amphytrite, avec du corail en branches et

des coquillages de toutes couleurs, en porcelaine de
Saxe, ce qui n'était plus à la mode il y avait déjà de
quarante à cinquante ans. Mme la Duchesse d'Orléans était coiffée *à la débâcle,* ce qui lui allait à
merveille ; mais comme cette Princesse était aussi
malfaisante que maldisante, elle avait fait ouvrir
une fenêtre à sa portée, prétendant qu'elle avait
trop chaud, ce dont il résultait du courant d'air et
de la contrariété pour tout son voisinage. Mlle de
La Force en eut une fluxion sur les yeux, et Mme la
Duchesse de Saint-Pierre en prit un rhume qui lui
dura jusqu'au mois de juillet suivant (1).

(1) Marguerite Colbert de Croissy, veuve de François Spinola,
Noble Génois, Duc de Saint-Pierre. et Grand d'Espagne de la
seconde classe. Elle est morte à Paris en 1788, âgée de 102 ans.
(*Note de l'Auteur.*)

« *Vous savez bien qu'elle a si grand'peur des vents-coulis*
« *qu'elle reçoit toutes les visites qu'on va lui faire étant ren-*
« *fermée dans une sorte de chaise à porteurs, et bien garantie*
« *du vent des portes de sa chambre au moyen d'un paravent*
« *de quarante feuilles en verres de Bohême. Il a fallu que je*
« *fusse lui présenter ma petite bru, parce que MM du Muy*
« *sont parens des Colbert, à ce qu'on dit, et vous compren-*
« *drez que c'est une alliance où je ne conçois rien. Pour*
« *arriver jusqu'auprès d'elle, il nous a fallu passer au mi-*
« *lieu de toutes ces cloisons transparentes ; alors elle a baissé*
« *la glace de sa chaise pour nous souhaiter la bienvenue,*
» *mais tout de suite après elle a relevé sa glace en nous fai-*
« *sant des excuses, et nous avons eu la liberté de circuler*
« *dans son labyrinthe de vitres ou bien d'aller converser tout*
« *à notre aise avec les assistans. Ceux-ci ne consistaient que*
« *dans ses nièces et ses neveux Colbert de Seignelay, de Torcy,*
« *de Saint-Pouange et de Villacerf; et vous avez oute raison*
« *de penser que lorsqu'on n'est pas des parens de cette mania-*
« *que, on ne va pas s'assujettir à son étrange lubie. Ma belle*

Mme la Duchesse d'Orléans s'étant aperçue d'un léger accident qui venait de survenir à la Princesse de Carignan, laquelle se trouvait assise auprès d'elle, eut la malicieuse attention de la prévenir qu'un de ses sourcils de peau de taupe était tombé sur ses genoux. La Princesse savoyarde, qui n'était pas moins apprêtée que négligente, le mouilla furtivement avec le bout de sa langue afin de le recoller; mais elle remit les pointes en haut, ce qui lui donna la plus étrange physionomie... Les jeunes femmes n'osaient regarder de ce côté-là de peur du fou-rire; les personnes régulières avaient redoublé d'attention religieuse et de physionomie dévote, afin de ne participer en aucune manière, et de protester autant que possible contre les facéties de la Duchesse d'Orléans, qu'on n'estimait guère et qu'on ne pouvait aimer. — Mme la Duchesse d'Orléans est comme cela !... disait son mari, le plus résigné des Princes. M. le Dauphin lui dit un jour qu'il devrait s'arranger de manière à ce qu'elle fût autrement, mais on n'a pas vu que le conseil ait été suivi.

« fille a dit à son mari qu'en apercevant cette belle Mague-
« lonne au travers de toutes ces glaces, au reflet doré de sa
« grande chambre, et toute couverte de brocard émaillé de
« fleurs avec des perles et des diamans qui scintillaient à la
« lueur de mille bougies, elle avait cru voir une châsse de
« reliques et qu'elle avait eu l'idée de se mettre à genoux. Sa
« demoiselle de compagnie nous a reconduites avec force
« révérences jusqu'au pied du grand escalier. Comment
« trouvez-vous cette étiquette à la Spinola di San-Pietro ? »
 (Extrait d'une lettre de Mme de Créquy à Mr le Duc de Penthièvre.)

On entendit crier sur ses gonds et l'on vit s'ouvrir la grille du chœur, où Mme de Richelieu, l'Abbesse de Panthemont, vint remettre la novice entre les mains de sa tante, Mme de Rupelmonde, qui conduisit Henriette à son prie-Dieu, où s'agenouillant elle tomba comme affaissée. Sa brillante parure ne s'accordait guère avec la pâleur de son visage et la langueur de sa physionomie, et l'on entendit alors une sorte de rumeur qui partait du bas côté de l'Église où se tenaient les gens de livrée. Mme la Duchesse d'Orléans se mit à observer tous ces laquais avec une lunette d'opéra et avec une attention soutenue, ce qui parut faire déplaisir au Marquis de Polignac, et surtout à M. le Comte de Melfort; enfin, comme cette rumeur ne s'apaisait un moment que pour recommencer la minute d'après, M. le Maréchal de Brissac se leva tout en pied (vous savez qu'il a six pieds de haut et qu'il porte deux queues blanches) : — Faites sortir les estafiers, s'écria-t-il d'une voix à faire trembler les vitres et les laquais. Les estafiers procédèrent tout de suite et d'eux-mêmes à leur sortie, en emportant avec eux un jeune homme évanoui qui se débattait et se tordait en convulsions ; il portait l'uniforme d'officier des gardes du Roi Stanislas, Duc de Lorraine et de Bar ; on dit que c'était le Vicomte de Gondrecourt, et presque tous les jeunes seigneurs s'empressèrent de sortir pour lui porter assistance.

L'Archevêque de Paris avait tenu les yeux baissés jusqu'au moment où la Coadjutrice amena Henriette pour s'agenouiller à ses pieds ; il serrait fortement, dans une de ses mains couverte d'un gant violet, une paire de tablettes en or émaillé, — ma sœur, quel âge avez-vous? dit-il à la novice avec un ton bienveillant et doux. — Dix-neuf ans, Monseigneur, répondit la Comtesse de Rupelmonde. — Vous allez me répondre plus tard, Madame!.... et l'Archevêque adressa de nouveau la même question à la novice, qui répondit d'une voix tremblante qu'elle avait dix-sept ans. — Dans quel diocèse avez-vous reçu le voile blanc? — Dans le diocèse de Toul. — Comment, dans le diocèse de Toul! s'écria fortement M. de Paris ; le siége de Toul est vacant! l'Évêque de Toul était mort il y a quinze mois, et les gérans capitulaires ne sauraient être autorisés à recevoir des novices. Votre noviciat est nul, Mademoiselle, et nous nous refusons à recevoir votre profession.

L'Archevêque de Paris se leva de son siége, se fit coiffer de la mitre et prit sa crosse des mains d'un acolythe. — Nos très-chers frères, ajouta-t-il en s'adressant à l'assemblée, nous n'avons pas besoin d'examiner et d'interroger mademoiselle de Lénoncour sur la sincérité de sa vocation religieuse ; il se trouve un empêchement canonique à sa profession pour le moment; et quant à l'avenir, nous nous réservons expressément d'en connaître, en interdisant à toute autre personne ecclésiastique le pouvoir d'accepter ses vœux, sous peine d'interdiction, de suspension et de nullité, le tout en vertu de nos droits métropolitains, aux termes de la bulle *cum proximis*.

— ADJUTORIUM NOSTRUM IN NOMINE DOMINI! poursuivit-il en chantant d'une voix grave et solennelle, et en se retournant du côté de l'autel afin d'y donner la bénédiction du Saint-Sacrement.

Comme tous les jeunes seigneurs se trouvaient en dehors de l'église, le reste du noble auditoire avait une telle habitude de réserve, d'empire, et l'on pourrait dire de *tyrannie* sur la manifestation de ses impressions intérieures, que cette déclaration de M. l'Archevêque y fut reçue comme la chose du monde la plus naturelle et la plus ordinaire. On sait que le Maréchal de Tessé disait à son fils :
« Soyez toujours en garde contre l'étonnement :
« la surprise fait toujours commettre des mala-
« dresses ; n'ayez jamais l'air étonné de rien, sinon
« du mal qu'on vous dirait du Roi, de la Reine ou
« des Ministres de vos amis. »

On s'agenouilla pour recevoir la bénédiction pontificale ; la Duchesse d'Orléans braqua sa lunette sur Mademoiselle de Lénoncour, qui rougissait et pâlissait alternativement, si bien qu'on fut obligé de la faire asseoir sur le fauteuil de M. le Nonce, à qui l'Abbé de Bernis avait commencé par remettre le manuscrit de son beau sermon. Le Maréchal de Brissac se récria sur la *manigancieuse perruchonnerie de la tantâtre à l'endroit de sa tourterelle et colombine de nièce qu'elle avait entrepris d'encager, inhumainement et déloyaument, paraissait-il !* mais on sait que le vieux seigneur a son franc-parler en vieux style ; et dans les récits du soir, on se félicita réciproquement, on se congratula noblement, de ce qu'à l'exception des gauloiseries du Maréchal et de la lunette d'opéra de la Duchesse d'Orléans, il ne s'était rien fait et rien dit qui fût hors de mesure et de convenance parfaite.

En vertu du monitoire de son supérieur ecclésiastique, Mme de Panthemont s'opposa formellement à ce que Mlle de Lénoncour reprit le voile blanc avec les habits religieux ; elle établit Henriette dans un bel appartement de pensionnaire, au lieu d'une cellule de novice, et lorsque la Coadjutrice arriva le lendemain matin pour enlever sa nièce, Mme de Richelieu lui fit exhiber une lettre de cachet qu'elle venait de recevoir, et qui s'opposait à la sortie de Mlle de Lénoncour avec toute autre personne que le Maréchal de Beauvau...

La bonne compagnie s'est dédommagée très amplement de la réserve qu'elle avait montrée dans la chapelle ; on n'a parlé dans tout Paris, pendant plus d'un mois, que des amours du joli Vicomte et de la charmante Henriette, que de la noirceur de cette Chanoinesse, que de la bienfaisance et du savoir-faire de la Maréchale, enfin que de la haute sagesse de M. l'Archevêque, à qui l'on sait très bon gré d'avoir déjoué cette manœuvre, sans aucun scandale, en évitant de compromettre ce beau nom de Rupelmonde, et sans être sorti de la mansuétude pastorale, au moyen de ce manque de forme qu'il avait habilement saisi, et dont il avait appliqué le bienfait avec autant d'autorité que de circonspection charitable.

Deux mois plus tard, M. Tiercelet de la Barotte a été introduit dans le cabinet de M. le Maréchal de Beauvau, entre les mains duquel il a déposé la somme de trois cent quarante mille livres, montant

des revenus de Mlle de Lénoncour échus pendant
sa minorité. La somme était en obligations de rente
sur les Aides et Gabelles, et c'était en vertu d'un
arrêt du Grand Conseil qui déboutait la Comtesse
de Rupelmonde de la tutelle de sa nièce.

Le surplus de la fortune d'Henriette est composé
de ses terres de Hérouwal et de Baudricourt qui
rapportent cinquante-huit mille livres de produit
net, en dehors de leurs droits féodaux, toujours
éventuels en Lorraine, à raison des *lods et ventes*,
et du droit de *mutation* que les vendeurs lorrains
et les acquéreurs de ce pays-là trouvent presque
toujours moyen de frauder. Le Maréchal a fait appeler son intendant pour en vérifier les comptes et
pour en donner quittance à Mme de Rupelmonde,
ainsi qu'il s'y trouvait autorisé par la sentence du
Grand Conseil qui venait de retirer la tutelle d'Henriette à cette indigne parente.

Le Vicomte de Gondrecourt est un aimable officier des gardes polonaises ; il est l'intime ami du
Chevalier de Boufflers, c'est dire assez qu'il n'est
pas sans esprit, et du reste il est joueur de paume
infatigable, bon cavalier, hardi chasseur, et d'une
assez jolie force au jeu d'échecs. Il a fini par apprendre à *parfiler* assez proprement ; mais quant à
son talent pour les broderies *au passé*, on est obligé
de convenir qu'il est à cent piques au-dessous du
colonel, son frère. Il idolâtrait sa cousine Henriette,
mais il n'avait que mille écus de rente, attendu
qu'il avait un frère aîné ; ce qui n'avait pas empêché
la Novice et la Coadjutrice d'éprouver le plus tendre penchant pour lui. Tout cela n'a pas empêché

non plus que les personnes que Mme de Rupelmonde avait invitées pour la cérémonie de Panthemont m'aient reçu bientôt après cet autre billet de part·

M.

Vous êtes prié d'assister à la célébration du mariage entre HH. et PP. Seigneur et Damoiselle, Messire Adrien de Gondrecourt, Vicomte de Saint-Jean-sur-Moselle, et Damoiselle Henriette de Lénoncour, Comtesse de Hérouwal et autres lieux, lequel aura lieu le 14 du présent mois de juin, dans la chapelle de l'archevêché de Paris, à minuit précis.

De la part de Madame la Comtesse-Douairière de Gondrecourt, mère du futur, et de M. le Maréchal-Prince de Beauvau, curateur de la future.

La *Gazette de France* du 25 août rapporte ce qui suit : « MADAME LA VICOMTESSE DE GONDRECOURT vient
« d'avoir l'honneur d'être présentée à LEURS
« MAJESTÉS, en leur château royal de Versailles,
« par Mme la Maréchale de Beauvau, accompagnée
« de Mme la Marquise de Beaumont du Repayre et
« de Mme la Princesse de Craon. »

SUR LA VIE ET LA MORT

DE TRÈS HAUT, TRÈS PUISSANT ET SÉRÉNISSIME PRINCE

Monseigneur LOUIS D'ORLÉANS,

Premier Prince du sang Royal et premier Pair de France, Duc d'Orléans, de Chartres, de Valois, de Nemours, de Montpensier, etc., Prince de Joinville, Marquis de Coucy et de Follembray, Comte de Soissons et de Romorentin, Vicomte de Dourdan, Seigneur de Montargis, etc., etc., Chevalier des ordres du Roi et de l'ordre insigne de la Toison-d'or, Grand-Maître des ordres militaires et hospitaliers de Notre-Dame du Mont-Carmel et Saint-Lazare de Jérusalem, Nazareth et Bethléem, Gouverneur du Dauphiné, ci-devant Colonel-Général de l'infanterie française et étrangère, etc., etc., etc. (1).

―――

« Louis, Duc d'Orléans, premier Prince du sang,
« était un des plus savans et des plus vénérables
« Princes qui aient jamais paru sur la scène du

(1) L'Éditeur a pensé que la reproduction de cette pièce du temps serait mieux à sa place à la fin de ce volume que parmi les autres pièces justificatives à la fin de l'ouvrage. D'après une note marginale de Mme de Créquy, il paraît que cet opuscule avait été considéré comme une *sorte d'oraison funèbre au petit pied*. C'est une brochure en trois feuilles in-12, imprimée chez Hérissan père, libraire de LL. AA. SS. Mgr. LE DUC ET Mme LA DUCHESSE D'ORLÉANS. PARIS, M. DCC. LIII.

La relation suivante, qui se rapporte aux convulsionnaires, nous paraît aussi beaucoup mieux placée dans ce tome III qu'elle ne l'aurait été dans le dernier volume de ces Mémoires.

« monde. Il naquit à Versailles, le 4 août 1703, de
« Philippe Duc d'Orléans, depuis Régent, et de
« Marie-Françoise de Bourbon. Il fit paraître dès
« son enfance une si forte inclination pour la vertu
« et pour la science, que ses gouverneurs et pré-
« cepteurs furent obligés de modérer l'ardeur de
« son zèle et d'interrompre ses travaux, à cause de
« la faiblesse de son tempérament et des fréquentes
« maladies auxquelles il était sujet. Il parut à la
« cour lorsque son illustre père devint Régent du
« Royaume. Après la mort de ce grand Prince,
« il épousa, en 1724, la Princesse Augustine-Ma-
« rie de Bade, et cet auguste mariage forma entre
« ces deux époux l'union la plus tendre. Dieu fit
« bientôt voir qu'il bénissait cette alliance en don-
« nant à la France, en 1725, un Prince qui la con-
« sole de la perte de ceux qui lui ont donné le
« jour. La Princesse de Bade, Duchesse d'Orléans,
« mourut l'année suivante, et sembla n'avoir été
« montrée à la cour, dont elle était le plus bel
« ornement, que pour lui laisser des regrets éter-
« nels. Une mort si prématurée, jointe à celle
« de Mgr le Régent, son père, et à celle de la Du-
« chesse de Berry, son auguste sœur, fit faire à
« Mgr le Duc d'Orléans de sérieuses réflexions sur
« le néant des grandeurs humaines, et il se proposa
« pour lors un nouveau règlement de vie dont il ne
« se relâcha jamais. Il prit en 1729, à l'abbaye
« royale de Sainte-Geneviève, un appartement, si
« l'on peut décorer de ce nom un logement re-
« culé, gênant, étroit et très incommode; mais il
« était placé entre les deux églises de Sainte-Gene-

« viève et de Saint-Étienne, sur lesquelles il avait
« des tribunes ; il tenait à la maison de Dieu, et
« c'était assez qu'il en fût en quelque sorte une
« portion pour que Mgr le Duc d'Orléans le préfé-
« rât aux plus beaux palais. Il avait commencé par
« y faire des retraites aux fêtes solennelles, mais
« ensuite il y fixa tout-à-fait sa demeure, et depuis
« sa conversion (c'est ainsi qu'il appelait son
« changement de vie) il y pratiqua les austérités
« les plus mortifiantes. Il couchait sur une simple
« paillasse et souvent sans draps. Il se levait à qua-
« tre heures du matin, se privait de feu durant
« les hivers les plus rudes et ne buvait que de l'eau;
« privations qu'il disait lui coûter beaucoup, sur
« tout celle du vin. Négligé, vêtu comme un homme
« du commun, ses meubles et sa table étaient de la
« pauvreté la plus édifiante. Il était en tout un
« modèle de la pénitence chrétienne. Depuis lon-
« gues années, il récitait exactement le bréviaire
« de Paris, passait huit heures à l'église les jours
« de fête et dimanche, ce qu'il continua dans sa
« dernière maladie, et recevait fréquemment le
« sacrement de nos autels, qu'il accompagnait sou-
« vent chez les malades du quartier de la Monta-
« gne, dont il ne sortait plus. Que Dieu pardonne
« aux instigateurs de certaines contrariétés dont ce
« religieux Prince avait été l'objet! On l'a vu, dans
« la quinzaine de Pâques, monter plusieurs fois,
« quoique incommodé et quasi perclus de ses rhu-
« matismes, jusqu'à des cinquièmes et sixièmes
« étages à la suite des sœurs de la Charité. Animé
« d'un esprit d'adoration, de gémissement et de

« prière, on le surprenait souvent, dans l'intérieur
« de son appartement, le corps prosterné et le vi-
« sage appliqué contre terre. Il ne perdit rien dans
« sa solitude de son profond respect et de son atta-
« chement pour Sa Majesté. On sait avec quelle
« douleur il apprit sa maladie qui lui fit verser des
« larmes, et peut-être est-ce à l'assiduité et la fer-
« veur des prières de ce grand Prince que la France
« est redevable de la conservation de son Roi. Sou-
« vent on lui entendait dire : *Le Roi est notre maî-*
« *tre, nous sommes ses sujets; ainsi nous lui devons*
« *respect, attachement et obéissance.* Il témoigna une
« joie extrême à la naissance de Monseigneur le
« Dauphin. Une tendresse respectueuse l'attacha
« toujours à S. A. R. Madame la Duchesse d'Or-
« léans, sa mère, morte en 1745. Il aima toujours
« tendrement Monseigneur le Duc de Chartres,
« aujourd'hui Duc d'Orléans. Il en entendait par-
« ler avec joie, et si l'on ne dit pas avec orgueil,
« c'est parce que sa piété lui interdisait un pareil
« sentiment. On s'apercevait néanmoins de la sa-
« tisfaction qu'il ressentait lorsqu'on s'entretenait
« des grandes qualités de ce Prince, et surtout de
« la manière dont il s'était signalé dans nos ar-
« mées à la journée d'Ettingen. Mais ce qui ren-
« dra sa mémoire à jamais précieuse et chérie de
« la France entière, c'était son zèle éclairé pour le
« bien public et pour les malheureux. De quelque
« âge et de quelque sexe qu'ils fussent, ils étaient
« assurés de trouver de la compassion dans le cœur
« de ce Prince. Quatre fois la semaine, il donnait
« audience à tous les pauvres de Paris dans le cloî-

« tre de Sainte-Geneviève. Tous y étaient admis,
« et lorsqu'il ne pouvait les renvoyer satisfaits, on
« voyait que son cœur leur accordait ce que l'état
« de ses affaires et la nécessité l'obligeaient de leur
« refuser. Son cœur embrassait les nécessiteux de
« tous les pays, jusques à ceux de la Suisse et de
« Berlin en Prusse, auxquels il a fait tenir des au-
« mones.

« Monseigneur le Duc d'Orléans a fondé en plu-
« sieurs endroits des écoles de charité pour l'in-
« struction de la jeunesse. Il a fondé le collége de
« Versailles (1), ainsi qu'un établissement pour for-
« mer des sages-femmes à Orléans. Il a fait tra-
« vailler des hommes habiles à découvrir de nou-
« veaux remèdes, à perfectionner les arts libéraux,
« l'agriculture et les manufactures. Il a acheté plu-
« sieurs secrets très importans qu'il a fait publier
« pour l'avantage du public ; il avait fait venir des
« pays lointains des simples rares pour soulager
« les malades. Il a doté plusieurs filles afin de les
« faire entrer en religion, car en mariage il aurait

---

(1) Le panégyriste du Duc Louis d'Orléans vient précisément de recevoir un démenti relativement à la fondation de ce collége, et voici ce qu'on trouve dans un ouvrage qui vient de paraître sous le titre de *Recherches historiques et critiques sur Versailles,* par M. Eckart :

« Ce Prince, d'un caractère faible et singulier, n'a jamais été
« le fondateur du collége de Versailles, qui dut sa formation aux
« Curés de Notre-Dame ; mais en 1740 il lui fit don d'une rente
« de *trois mille soixante-six livres cinq sous,* sur l'Hôtel-de
« Ville ; et sous la condition, qui fut exécutée, que le collége
« porterait son nom. » (*Note de l'Éditeur.*)

« cru ne pas agir suivant les règles de la prudence,
« et bien prévenu qu'il était que le célibat est le
« plus excellent des états, il n'a jamais voulu se
« mêler ni s'entremettre avec témérité dans les in-
« certitudes d'aucune alliance humaine. L'occupa-
« tion de sa charité et la pratique des œuvres de mi-
« séricorde ne l'empêchèrent point de devenir très
« savant. Il s'appliqua avec une ardeur et un succès
« incroyables à l'étude de Saint-Thomas, d'Estius, et
« des autres théologiens les plus renommés, et il en
« vint à ce point élevé de la science qu'il avait la
« consolation de pouvoir lire les livres saints dans le
« texte original. Il donnait en même temps quel-
« que application à l'étude de l'histoire, de la géo-
« graphie, de la physique, de la botanique, de la
« chimie, de l'histoire naturelle et de la peinture,
« toutes sciences utiles. Plusieurs savans, prévenus
« contre les grandes lumières attribuées à Monsei-
« gneur le Duc d'Orléans, sont allés s'en assurer par
« eux-mêmes, et ont avoué que l'étendue de ses
« connaissances les avait surpris d'étonnement et
« d'admiration. Ils peuvent attester la vérité de ce
« que nous en disons ici, mais nous ne voudrions
« pas citer leurs noms sans leur aveu ; il faut es-
« pérer que leur esprit d'équité les portera d'eux-
« mêmes à se faire connaître, afin de rendre justice
« à celui que nous pleurons. On en sera moins sur-
« pris si l'on veut bien considérer que Monseigneur
« le Duc d'Orléans a employé pendant vingt-sept
« ans de sa vie un temps considérable à l'étude, et
« qu'il employait ses récréations à converser de ce
« qu'il avait appris. Il aimait la société des autres

« savans, qu'il honorait de sa protection et qu'il en-
« courageait de ses bienfaits, en préférant comme
« de juste ceux dont les travaux avaient pour but la
« gloire de la religion ou le bien public. Il avait
« accordé une pension à M. l'Abbé François, qu'il
« a eu soin de lui conserver par le codicille de son
« testament, et voici les propres termes dans lesquels
« il s'en explique : *Voulant prendre sur moi la recon-*
« *naissance de l'obligation qu'a le public au sieur Abbé*
« *François, auteur d'un ouvrage récent sur les preuves*
« *de notre religion, et le mettre en état de continuer*
« *des travaux aussi utiles, je donne et lègue audit sieur*
« *Abbé François cinq cents livres de rente en pension*
« *viagère.* » Il est vrai que ceux qui n'excellaient
« que dans les belles-lettres ou la poésie avaient peu
« d'accès et point de faveur auprès de ce Prince.
« Ennemi des louanges, il craignait par-dessus tout
« de se voir célébré par les poètes et les autres pa-
« négyristes de notre époque. Ses austérités et son
« application lui causèrent une douloureuse mala-
« die qui n'a pas duré moins de quatorze ans, et,
« si mal qu'il fût, on n'a jamais pu le décider à le
« laisser changer le coucher de son lit. Quand on lui
« représenta que les médecins regardaient cet adou-
« cissement comme nécessaire, et que sa faiblesse
« exigeait un lit plus commode que celui dont il
« usait ordinairement, il répondit que *les médecins*
« *ne songent point assez à l'âme ; que plus on approche*
« *du terme de la pénitence et plus on doit redoubler de*
« *zèle ; qu'il avait toujours mis son devoir à se tenir*
« *dans une situation gênante, et qu'il y voulait persévérer*
« *jusqu'au dernier soupir.* Dans ses dern.'ers momens,

« il ne voulait plus s'occuper que de Dieu et de
« Monseigneur le Duc de Chartres. « *Je laisse un*
« *fils,* disait-il, *que je vais recommander à Dieu. Je*
« *vais lui demander que ses vertus naturelles devien-*
« *nent des vertus chrétiennes, et que tant de grandes*
« *qualités qui le font aimer deviennent utiles à son sa-*
« *lut, ainsi qu'à la sanctification de notre postérité.* En-
« fin, après avoir persévéré dans une règle de vie
« toujours constante, et toujours animé du bien pu-
« blic et de la religion, et sans s'être jamais écarté,
« ne fût-ce qu'une seule fois, du règlement qu'il
« s'était prescrit, il est mort le 4 février de cette
« présente année, à l'âge de 48 ans et demi, re-
« gretté des malheureux et d'une infinité de gens de
« bien. Il a laissé un grand nombre d'ouvrages de
« sa composition qu'il a légués aux RR. Pères de
« l'ordre de Saint-Dominique, en leur laissant la
« liberté d'ajouter, de retrancher, de supprimer, et
« même d'employer ses immenses travaux comme
« de simples matériaux dans les ouvrages que ces
« religieux pourraient entreprendre.

« Les principaux de ceux que nous avons vus sont :

« 1° Des traductions littérales, des paraphrases
« et des commentaires sur une partie de l'Ancien-
« Testament, et notamment sur l'Exode et les Para-
« lipomènes.

« 2° Plusieurs cahiers de commentaires sur l'A-
« pocalypse.

« 3° Une traduction des psaumes de David, avec
« des notes un peu singulières, au sentiment de
« plusieurs, mais, dans tous les cas, fort savantes.
« Cet ouvrage était un de ceux dont cet habile

« Prince était le plus préoccupé. Il y travaillait en-
« core pendant sa dernière maladie, et il y mit la
« dernière main peu de jours avant sa mort.

« 4° Une belle dissertation pour établir que les
« notes attribuées par le père Cordier à Théodore
« d'Héraclée sont de Théodore de Mopsueste ; dé-
« couverte que Monseigneur le Duc d'Orléans a faite
« le premier et qui est due à sa pénétration et à ses
« recherches.

« 5° Plusieurs cahiers de manuscrits contre les
« juifs et le judaïsme, pour servir de réfutation à la
« nouvelle traduction du fameux livre intitulé *Ké-
« souch-Emouna*, c'est-à-dire *le bouclier de la foi*.
« Monseigneur le duc d'Orléans, n'étant point con-
« tent de la réfutation de ce livre par le père Gous-
« set, entreprit de le réfuter lui-même, et malheu-
« reusement il n'a pas eu le temps de terminer ce
« bel ouvrage, où les juifs auraient été traités comme
« ils le méritent.

« 6° Une traduction littérale des épîtres de saint
« Paul, avec des explications, des notes, et des ré-
« flexions de piété.

« 7° Une dissertation contre les spectacles, sui-
« vie d'une exhortation aux comédiens pour les
« exhorter à changer d'état. Ce seul ouvrage four-
« nirait deux forts volumes in-4°, et il renferme,
« au dehors de la discussion, plusieurs anecdotes
« intéressantes, notamment la conversion édifiante
« du sieur Violard et de la demoiselle Maurigny,
« dite la Billière, anciens danseurs de corde.

« 8° Une réfutation solide du gros ouvrage fran-
« çais intitulé les *Hexaples*.

« 9° Un traité sur l'abstinence des œufs en ca-
« rême, sur l'abstinence du lait et sur l'abstinence
« du beurre, lesquels produits animaux ne sau-
« raient, suivant l'opinion de Monseigneur le Duc
« d'Orléans, être considérés consciencieusement
« comme nourriture maigre, à cause de leur ori-
« gine ; ce Prince, humble autant que pieux et sa-
« vant, déclarant, au surplus, qu'il entend qu'on
« s'en rapporte à l'autorité diocésaine, et qu'il con-
« seille de s'en tenir à la décision de l'ordinaire à
« l'égard de ces prescriptions.

« 10° Un traité d'éclaircissement sur la conti-
« nence en état de mariage et sur l'abstinence qu'on
« doit y pratiquer, afin de vivre saintement.

« 11° Que le roi d'Abyssinie ne saurait se don-
« ner pour héritier légitime de Salomon, vu que la
« Reine de Saba n'avait jamais été mariée avec ce
« monarque.

« 12° Comment ce n'est pas la lampe d'Épictète
« qui a été trouvée dans les fouilles du grand
« bassin de St.-Cloud, ladite lampe, qui est un la-
« crymatoire, étant marquée d'une croix grecque et
« d'un monogramme de la Sainte-Vierge composé
« d'un P. et d'un M. *Panagia Maria*, Marie toute
« sainte.

« 13° Que les pèlerins de Sichée n'étaient pas
« des Israélites ; et autres observations *contra* van
« Espen Antuerpensis.

« 14° Comme quoi le cheval d'Alexandre, Bucé-
« phale, ne saurait avoir coûté treize talens atti-
« ques, ce qui ferait soixante et douze mille fr. de

« notre monnaie, somme exorbitante pour la mon-
« ture d'un jeune Prince assez mal apanagé.

« 15° Approbation de cet ancien jugement de
« l'Académie française contre Virgile, motivée sur
« ce que ce poëte doit être blâmé, non-seulement
« pour avoir péché contre l'honneur et la conscience
« en altérant la vérité de l'histoire, mais encore
« pour avoir péché contre les bonnes mœurs et la
« justice à l'égard de Didon, Reine de Carthage, en
« diffamant cette Princesse, qui avait mieux aimé
« mourir que de vivre diffamée.

« 16° Réfutation de cette étrange remarque de
« Joseph Scaliger, qui consiste à dire que les singes
« et les guenons sont ordinairement sujets et su-
« jettes à être de mauvaise foi; ensuite de laquelle
« est une critique enjouée sur cet écrivain, pour
« avoir cru nous faire une description suffisante
« de la ville d'Agen, en se contentant de nous
« dire qu'elle est moitié plus grande et plus belle
« que La Rochelle.

« 17° Une vingtaine de fragmens sur divers su-
« jets, tant de science ou d'histoire que de théolo-
« gie, sans compter un nombre infini de notes en
« abréviations, avec renvois de l'une à l'autre, mais
« dont la clef n'était compréhensible que pour leur
« auteur.

« Ce pieux et docte prince avait une estime par-
« ticulière pour la Somme de saint Thomas-d'A-
« quin, estime qu'il a fait paraître jusque dans son
« testament. »

RELATION

DE M. DUDOYER DUGASTET,

TOUCHANT

LES CONVULSIONNAIRES ET LA SÉANCE DE CES JANSÉNISTES, LE VENDREDI-SAINT DE L'ANNÉE 1760.

(*Extrait de sa lettre adressée à M. le Président Nicolaï.*)

J'avais voulu m'introduire au mois d'août 1759 chez les sœurs Félicité et Madelon. Un médecin qui les connaissait m'avait donné pour l'une d'elles une boîte de pilules et une lettre où il exaltait ma piété et mon attachement à l'œuvre de Dieu. Sœur Madelon était absente lorsque je me présentai chez elle; M. de la Barre, son directeur, reçut la boîte, et nous ne parlâmes de rien; je ne lui communiquai pas la lettre du médecin. J'allai chez sœur Félicité, à qui j'en fis la lecture; elle sourit, me parla avec bonté, me dit « que pour le présent elle et ses
« compagnes ne recevaient point de secours, parce
« que Dieu avait changé leur état extérieur en un
« état intérieur; qu'elle me ferait avertir quand il
« y aurait quelque chose; qu'elles étaient trois;
« que l'une d'elles représentait l'Église, l'autre la
« synagogue, la dernière le peuple élu .. » Je me recommandai à ses prières; et je la perdis de vue

jusqu'au mois de mars 1760, que l'envie me prit de renouer connaissance.

J'allai donc, un des premiers jours du mois de mars, rue Phelipeaux, chez M. de la Barre. Il sourit en me voyant; il se rappela qui j'étais et la visite que je lui avais faite l'an passé. Je lui témoignai le désir que j'avais de voir la portion de l'œuvre de Dieu dont il était chargé. Pour m'insinuer mieux dans son esprit, je glissai quelques mots contre la sœur Françoise et le P. Cottu. Cela fit le meilleur effet du monde; il m'avoua que Françoise disait beaucoup de choses qui étaient contre elle; qu'elle était dépourvue de sens; que le P. Cottu était étourdi, sans théologie, sans principes; qu'il avait un peu trop de vanité, qu'il aimait la bonne chère; qu'il avait laissé voir ces deux vices en mangeant trop souvent chez des seigneurs et des gens opulens qui avaient désiré voir l'œuvre..... « Ce qui me choque
« le plus, dis-je à M. de la Barre, c'est que le
« P. Cottu s'imagine avoir un droit exclusif aux
« bontés de Dieu : il veut absolument qu'on voie
« Françoise et qu'on ne voie qu'elle; cette partia-
« lité m'a toujours révolté... — C'est une marque
« de votre bon esprit, me répondit-il; en effet,
« Dieu varie ses dons; l'œuvre des convulsions est
« faite pour représenter l'état actuel de l'Église et
« la future conversion des juifs; les différens états
« des convulsionnaires sont autant de symboles;
« l'une est exposée à des brasiers ardens, l'autre
« reçoit des coups énormes; l'une parle avec élo-
« quence, l'autre s'exprime avec toute la naïveté
« de l'enfance; tous ces différens états sont divins,

« et on ne doit pas élever l'un aux dépens des au-
« tres... — Monsieur, il m'est venu plusieurs fois
« une idée que je soumets à vos lumières. Les con-
« vulsions ne peignent-elles pas au naturel l'état
« de la primitive Église? J'imagine que les pre-
« miers chrétiens étaient bien semblables aux con-
« vulsionnaires.... — Vous avez raison, s'écria
« M. de la Barre; on ne peut pas mieux rencon-
« trer. Quelques disciples avaient le don des lan-
« gues, d'autres celui de prophétie; ceux-ci discer-
« naient les esprits, ceux-là chassaient les démons;
« les dons étaient variés et se réunissaient tous pour
« ne faire qu'une seule œuvre... — Mais de plus,
« monsieur, leurs miracles n'avaient-ils pas bien
« du rapport avec ceux des convulsions? — Sans
« doute; Jésus-Christ ne dit-il pas que ses apôtres
« avaleront du poison et qu'il ne leur fera pas de
« mal? Eh bien! nous avons une sœur qui avale
« de la cendre, du tabac et des excrémens délayés
« dans du vinaigre, et elle rend du lait... — Je le
« sais, lui dis-je, et on voit plusieurs fioles de ce
« lait chez M. le Paige, avocat, un de ceux que le
« Parlement a choisis pour examiner l'*Encyclopédie*;
« et le genre de vie des premiers chrétiens n'est-il
« pas assez prouvé par le silence des auteurs païens
« sur leur compte? Pour moi, ce qui m'enchante
« quand je vais aux convulsions, c'est que je m'i-
« magine toujours aller aux assemblées de la pri-
« mitive Église..... — Ah! monsieur, que Dieu
« vous a fait de grâce de vous développer ainsi le
« plan et l'économie de son œuvre! Je n'ai ren-
« contré encore personne qui en eût des idées aussi

« grandes et aussi exactes. Que je serais charmé de
« vous avoir pour coopérateur dans la portion que
« Dieu m'a confiée!... — J'en suis indigne; je
« vous prie seulement de m'admettre comme té-
« moin, et de vouloir bien me faire part de vos lu-
« mières... » M. de la Barre se recueillit un instant, puis il me dit d'un ton affectueux : « Ah !
« monsieur, que les dons de Françoise sont au-
« dessous de ceux que vous verrez parmi nous !
« D'abord Françoise a un jargon inintelligible;
« sœur Sion, au contraire, a des discours d'une
« beauté et d'un sublime admirables. Je fais des
« opérations qui coûtent à la nature; mais il faut
« sacrifier sa répugnance; quelquefois je fais des
« incisions cruciales à la langue; d'autres fois, par
« le moyen d'un tourniquet, je mets la sœur Marie
« en presse; c'est moi qui ai inventé cette machine;
« les frères étaient trop fatigués de presser cette
« sœur, et ne la pressaient pas assez fort; enfin,
« rebuté de voir que ce secours n'était pas donné
« comme il faut, il me vint en pensée de faire un
« tourniquet; je vous le montrerais bien, mais je
« l'ai déjà fait porter dans un autre logement où je
« serai dans quelques jours. Outre ces secours,
« nous avons les crucifiemens. Dieu ordonne quel-
« quefois d'en crucifier trois à la fois; il y en a une
« qui est aux pieds de l'autre. On ne peut pas s'em-
« pêcher d'être touché; cela fait un spectacle réelle-
« ment bien joli. Souvent Dieu les rend petites;
« elles sont comme des enfans; elles se traînent sur
« les genoux; elles se jettent sur un lit; on leur
« donne des joujoux; on leur fait manger de la

« bouillie. Il y a des personnes qui jettent sur ces
« actions un regard de mépris ; elles condamnent
« avec encore plus de hauteur tout ce qui a l'air de
« l'indécence ; mais ces gens-là n'ont pas lu l'Écri-
« ture-Sainte ; s'ils la lisaient, ils verraient que
« Dieu ordonne à un prophète de manger des ex-
» crémens, à l'autre de lui faire des enfans de for-
« nications. Isaïe, par l'ordre de Dieu, court tout
« nu dans les rues de Jérusalem... — Et Judith,
« ajoutai-je, ne se pare-t-elle pas pour exciter des
« mouvemens charnels dans un homme qu'elle a
« dessein d'assassiner ? — Nous ne finirions pas,
« me dit-il, si nous rapportions toutes les actions
« irrégulières des prophètes. Ces prétendus criti-
« ques les approuvent dans l'Écriture, et condam-
« nent, dans les convulsions, des choses beaucoup
« moins indécentes. »

Je témoignai à M. de la Barre combien j'étais
éloigné d'être de ces gens-là. Je lui témoignai l'em-
pressement le plus vif et le plus ardent pour l'œuvre.
Il me dit qu'il ne se passerait rien d'ici à quelques
jours ; qu'il me ferait avertir dès qu'il y aurait quelque chose, et que, selon toute apparence, ce serait
dans une quinzaine. Je le quittai. M. de la Barre
est avocat au parlement de Rouen, fils unique d'un
greffier en chef du même parlement. C'est un
homme de cinq pieds trois à quatre pouces, maigre, brun, qui porte ses cheveux. Il a le coup
d'œil et le sourire gracieux ; sa physionomie res-
pire la douceur, la bonté et la sagesse ; il paraît
avoir quarante à quarante-cinq ans.

Le Dimanche des Rameaux, j'allai rue de Tou-

raine, au Marais, chez M. de Vauville : c'est le nom actuel de M. de la Barre. Je le rencontrai dans la rue ; je montai avec lui ; nous entrâmes au premier, dans un appartement composé de trois pièces, deux chambres et un cabinet ; le tout décent et meublé proprement. Je fis, par habitude, un compliment banal : « Monsieur, vous êtes fort bien
« logé. — Assez bien, répondit M. de Vauville ;
« mais ce que j'en aime le plus, c'est que je suis
« fort bien pour ma besogne. Je suis au large, et
« je n'ai personne sous moi ni à côté. » Nous nous assîmes, et bientôt entrèrent deux femmes, l'une habillée en domestique et l'autre en demoiselle Celle-ci paraît avoir trente-cinq à quarante ans. Elle est d'une taille médiocre, ni grasse ni maigre, brune, l'œil grand et bien fendu, la bouche laide et les dents mal ; sa coiffure, sa robe, ses manchettes, tout était simple, mais propre. Elle est connue, dans le troisième volume de M. de Montgeron, sous le nom de sœur Madelon ; elle se nomme aujourd'hui sœur Sion ; elle représente l'Église. Nous parlâmes de l'œuvre de Dieu ; la domestique se tut ; M. de la Barre dit quelques mots et la sœur Sion parla beaucoup. Je faisais des questions avec modestie. Elle avait la bonté de me répondre. Tout ce qu'elle me disait était accompagné d'un regard et d'un sourire qui sont le raffinement de la coquetterie mystique ; la tendresse et la dignité réglaient ses gestes et ses paroles. Après une explication détaillée des dons des convulsionnaires, elle finit ainsi : « Et ne croyez pas que nous soyons
« pour cela des saintes ; les convulsions sont des

« grâces gratuites et non pas des grâces sancti-
« fiantes ; et il est arrivé plus d'une fois qu'une
« convulsionnaire est tombée dans des fautes, et a
« eu des faiblesses qui doivent nous humilier. »
Lorsque je pris congé d'elle, elle se recommanda à
mes prières ; la domestique, qui n'est autre que
sœur Félicité, m'éclaira, et voulut absolument
m'accompagner jusqu'à la porte de la rue, quelques
instances que je lui fisse pour l'en empêcher.

Enfin, le vendredi-saint, je recueillis le fruit de
mes deux visites. J'arrivai à deux heures un quart
chez M. de Vauville, où je vis une nombreuse assemblée. Je ne reconnus que mademoiselle Bihéron et Dubourg. Voici les noms des autres personnes, tels que M. Dubourg me les dit à la fin
de la séance : la princesse de Kinski, le prince
de Monaco, le comte de Staremberg, le marquis de
Bouzols, le chevalier de Sarsfield, le chevalier de
Forbin, M. d'Albaret, officier de marine, M. Vars,
officier dans les troupes détachées de la marine.
Outre ces profanes, il y avait quatre ou cinq
sœurs qui paraissaient de bas étage ; quatre frères,
un arpenteur nommé Descoutures ; M. Batissier,
conseiller au Châtelet ; M. de Laurès, ex-oratorien ; M. Pinault, ex-oratorien et ex-convulsion-
naire (son nom de convulsionnaire était frère
Pierre).

La sœur Rachel et la sœur Félicité étaient en
croix depuis un quart d'heure. La croix de sœur
Félicité était étendue à plate terre ; celle de sœur
Rachel était droite, assez inclinée pourtant pour
être appuyée contre la muraille. Elle avait les mains

clouées presque horizontalement, et les bras assez peu étendus pour que les muscles n'eussent pas une tension fatigante; elle était coiffée d'un toquet de soie bleue à fleurs blanches, et d'un bourrelet. Elle est laide, petite, brune et âgée de trente-trois ans; ses pieds et ses mains rendaient un peu de sang; sa tête était penchée, ses yeux fermés, la pâleur de la mort peinte sur son visage. Les spectateurs voyaient couler une sueur froide qui les effrayait; M. de Vauville s'avance, tire un mouchoir de sa poche, essuie à plusieurs reprises le visage de Rachel, et nous dit, pour nous rassurer, qu'elle représente l'agonie de Jésus-Christ. Je m'approchai de Rachel, et je lui demandai pourquoi elle fermait les yeux : elle me répondit qu'elle faisait *dodo*. Cet état de crise dura un quart d'heure; peu à peu la sueur se dissipa, ainsi que la pâleur; les yeux de Rachel s'ouvrirent; elle nous regarda d'un air riant, bégaya quelques paroles enfantines, tutoya la Princesse de Kinski, et appela son papa. Elle adressa souvent la parole à M. Dubourg, lui disant que la faculté voulait expliquer ces miracles, mais qu'elle n'y entendait rien; que Dieu la mettrait sous ses *petons*. M. Dubourg lui montra des bonbons, et lui dit qu'elle n'en aurait point puisqu'elle le grondait. Elle répondit que lorsque ses *meniches* seraient libres, elle les lui prendrait. Après toutes ces misères, il parut que Rachel retombait en faiblesse; elle se taisait, pâlissait. Sion dit d'un air empressé et inquiet : « Mon cher père, il est temps de l'ôter. » M. de Vauville s'approche, la tenaille à la main, et tire les cloux. A chaque clou qu'on arrachait, Rachel souffrait une vive douleur; les mouvemens convulsifs de son visage et surtout de ses lèvres faisaient frissonner. La Princesse de Kinski se cachait les yeux de ses mains. Il sortit des plaies beaucoup de sang; on lava, à plusieurs reprises, les pieds et les mains avec de l'eau tirée à la fontaine de la cuisine par mademoiselle Bihéron; enfin le sang parut étanché; elle enveloppa chaque pied d'un linge, et se chaussa. On ne mit point de linge à ses mains. Elle a resté une heure en croix. Cependant la croix de sœur Félicité était étendue sur le carreau, au bas de la croix de Rachel. Malgré les avertissemens et les précautions de la sœur Sion, Rachel, en marchant, effleura de sa robe les doigts de Félicité, qui jeta un cri. Le visage de celle-ci était ardent et enflammé; ses yeux étincelaient; elle gardait le silence. Elle fut sur la croix un quart d'heure de plus que sa compagne, donna les mêmes signes de douleur quand on arracha les clous, et rendit comme elle beaucoup de sang. A peine Rachel était-elle descendue de la croix qu'elle était allée vers M. Dubourg, marchant sur les genoux, et lui avait pris les bonbons; de là, se traînant vers madame de Kinski, elle avait appuyé sa tête sur les genoux de cette princesse, et elle lui faisait des caresses enfantines. M. de Vauville nous dit qu'elle allait dîner; qu'elle avait été le matin à pied au mont Valérien et en était revenue sans manger. Il était trois heures. Alors Rachel fit trois grands bâillemens, qu'on me dit être la fin de sa convulsion. En effet, après ces bâillemens, elle fut une grande fille; on lui ôta son bourrelet; on lui mit une coiffure ordinaire; elle mangea du riz au lait et des huîtres marinées. Je ne sais si elle but du vin.

Secours de Marie.

Pendant ce temps était entrée sœur Marie ; c'est une grande fille vigoureuse, âgée de trente à trente-cinq ans, qui est en condition. M. de Vauville étendit à terre un matelas, dans un coin de la chambre ; sœur Marie s'y coucha sur le ventre. M. de Vauville lui piétina le dos assez légèrement mais avec vigueur : elle se tourna et se coucha sur le dos ; on lui piétina le ventre ; on lui administra sur la poitrine et sur le sein un grand nombre de coups d'une bûche d'un pied et demi de hauteur sur cinq pouces de largeur. « Les coups, disait M. de Vauville, ne blessent pas son sein, pour marquer que le « sein de l'Église est toujours intact, quelques per- « sécutions et quelques traverses qu'elle éprouve... » — « Soyez sûrs, criait la sœur Sion, qu'elle ne « souffre pas, quoiqu'elle paraisse souffrir ; per- « sonne ne peut mieux vous en répondre que moi. « On me donne souvent de pareils coups, et je ne « sens aucune douleur. » Plusieurs personnes engagèrent la princesse de Kinski à examiner le sein de la sœur ; elle le fit, et nous dit, d'une voix basse, qu'elle n'avait point de gorge. Je ne fais point mention de quelques légers secours, comme de lui marcher sur les mains, les bras, etc. M. de Vauville lui donna, avec une bûchette de neuf pouces de longueur sur deux et demi de largeur, un nombre de coups faibles et ménagés sur le crâne, et il di-

sait : « Nos têtes sont bien dures... — Pas si dures
« que vous pensez, dit un chevalier de Saint-Louis,
« et je ne voudrais pas recevoir ces coups-là... —
« Ce n'est pas des têtes matérielles que je parle ; je
« parle de nos âmes, dont la dureté est représentée
« par la dureté de la tête de cette convulsionnaire. »
Venons au secours qui caractérise sœur Marie : c'est
d'être soufflelée.

La sœur Marie était assise sur le matelas. M. de
Vauville avait à peine donné deux coups de poing
sur chaque joue qu'il entre sept à huit personnes ;
j'entends dire : *De par le Roi*, et je vois un grand et
gros homme, avec une redingote grise, se placer
près de moi. Je ne devinai point ce que cela signi-
fiait ; mais bientôt le manteau gris tombe, et on voit
une robe et un rabat : c'était le commissaire Roche-
brune, accompagné de l'exempt d'Emery et de son
escorte. Tout alors parut dans l'agitation ; sœur
Félicité et sœur Rachel étaient dans le trouble et
dans les larmes ; la sœur Sion, tremblante et consternée, se désolait, pleurait, joignait les mains, frap-
pait du pied ; sœur Marie était toujours dans la
même attitude, assise sur son matelas, et M. de
Vauville, calme au milieu du trouble général, lui
donnait de très bons soufflets en récitant le *Miserere*.
Le commissaire, droit comme un terme, le considé-
rait ; je faisais de même, et, sans prendre garde à ce
qui se passait dans la première chambre, j'exami-
nais M. de Vauville et sœur Marie, dont les joues
étaient très enflées, fort rouges, et bleues en quelques endroits. A la fin, je m'aperçus que j'étais
presque seul ; l'exempt s'avança, et dit à M. de Vau-

ville : « En voilà assez, M. de la Barre, vous auriez « dû finir dès que nous sommes entrés. — Je ne « fais aucun mal, a répondu M. de la Barre ; au con- « traire, je fais mon devoir. » Il conserva toujours le même sang-froid, reprit la sœur Sion de son dé- couragement, lui dit qu'on était trop heureux de souffrir pour Jésus-Christ. L'exempt reprocha à M. de la Barre d'avoir tenu assemblée, quoiqu'il lui eût fait dire de n'en pas tenir. M. de la Barre répondit que c'était à son corps défendant qu'il recevait du monde et qu'il voudrait bien n'en pas recevoir. L'exempt s'approcha de moi, me demanda si je vou- lais sortir, et ajouta qu'il ne fallait pour cela que donner son nom et son adresse ; je les donnai, comme avaient fait les autres, et je sortis. J'ai su aujourd'hui, samedi, que le troupeau et le pasteur avaient été emmenés à la Bastille, hier à dix heures du soir ; que les sœurs étaient dans la désolation ; que la sœur Sion ne voulait pas monter dans la voi- ture, et qu'elle y était entrée moitié de gré, moitié de force ; mais que M. de la Barre avait toujours conservé une constance et une fermeté héroïques. Ce rapport m'a été fait par une dévote des convulsions, à qui un officier de police l'a dit ce matin, en lui apportant les clefs de M. de la Barre.

P. S. Je vous dirai encore, Monsieur, qu'hier, sur les deux heures et demie du soir, M. Antoine Bonnaire, huissier à verge au Châtelet de Paris, m'a donné fort poliment un petit exploit en conséquence duquel j'ai été récollé et reconfronté avec les quatre sœurs et leur père. Sœur Félicité a signé que ma déposition était entièrement vraie; elle a avoué en pleurant qu'elle avait été séduite; que M de la Barre lui avait réglé ses convulsions à trois par semaine, mais qu'à chaque fois qu'elle recevait les mêmes coups, ils lui faisaient beaucoup de mal. Elle a accusé (tout cela devant moi) M. de la Barre, sœur Madelon, sœur Rachel, de l'avoir entraînée et trompée. Madelon, Rachel, Marie et la Barre ont parlé de divin et de miraculeux. Les trois filles on dit que les circonstances de douleur, de visage allumé, de pâleur, leur étaient inconnues, qu'elles n'y avaient pas pris garde; mais elles ne les ont pas niées; j'ai presque fait la fonction de lieutenant-criminel. J'ai interrogé les sœurs de la Barre; je leur ai prouvé qu'elles étaient ou trompeuses ou trompées; mais je n'en ai rien tiré que ce que je vous ai dit. Le lieutenant-criminel est jeune, aimable, poli, mais fort embarrassé, je crois, de la tournure qu'il faut donner à ce procès. Le médecin Dubourg sera assigné ce soir.

FIN DU TROISIÈME VOLUME

TABLE

DES MATIÈRES CONTENUES DANS CE TROISIÈME VOLUME.

Pages

CHAPITRE I. La Comtesse d'Egmont (suite). — Recette pour conserver les perles. — Les XII Mazarins. — La Couronne héraldique des Créquy. — Son Origine. — Présentation de Mme Dubarry. — La Marquise d'Aloigny et la Comtesse de Béarn. — Un Grand-Couvert à Versailles. — Mme de Coigny. — Son Tabouret, qu'on ne saurait placer. — Dissertation sur les *femmes titrées*. — Sur les Princes étrangers. — Sur la noblesse de plusieurs familles allemandes. — Sur la maison d'Autriche et celle de Prusse. — Étiquette de la Cour de France pour les éventails. — Grande surprise du jeune Séverin. — Mot de Louis XV à M. de Jouffroy. — Disparition de Séverin. — Désespoir de Mme d'Egmont. — Sa maladie. — Sa mort. 4

CHAP. II. Un abbé janséniste. — Recette pour étuver les choux rouges. — Chanson de Voltaire. — La Présidente Talon. — Le Chevalier Talon. — Sa petite femme et leurs descendans. — Le Diacre Páris. — La vie qu'il menait. — Ses disciples. — La Baronne de Montmorency, née de Charette. — Anecdote sur M. de Talleyrand en 1795. — Le chevalier de Folard. — M. Carré de Montgeron. — Le Vicomte de Nesmond, l'Abbé Taboureau, la famille Blanchard, etc. — Mort du Diacre Páris. — Pèlerinages à son tombeau. — Le Cimetière de Saint-Médard. — Les convulsions. — Fermeture du Cimetière. — Enlèvement nocturne du cercueil. — Révélation d'un ministre. — Louis Racine. — Son poëme de la Grâce et sa gouvernante crucifiée. — Manœuvre du Duc de Richelieu pour voir opérer les convulsionnaires. 26

TABLE DES MATIÈRES.

Pages

CHAP. III. Le Duc de Richelieu séduit une janséniste. — Le conseiller honoraire. — La vénalité des charges. — Révélation d'un enfant janséniste touchant les paroissiennes de Saint-Roch. — Le Vicomte de Nesmond. — Il est mystifié par le Duc de Richelieu. — Son voyage à Fontainebleau par lettre-close. — Le gentilhomme ordinaire et les lettres de cachet. - Récit du Marquis de Créquy sur une séance des convulsionnaires. — Partialité du Parlement de Paris pour les jansénistes. — Arrêts du même Parlement contre les jésuites. — Arrêt du Parlement de Paris contre l'inoculation. 41

CHAP. IV. La Marquise d'Urfé. - Les alchimistes. — Le Comte de Saint-Germain, Cagliostro, Casanova. — Discussion de l'auteur avec Saint-Germain. — Fourberie découverte. — Le Cardinal de Créquy au concile de Trente. — La mèche de cheveux du Roi Hérode. — Le Père éternel et M. du Châtel. — Autre discussion avec Saint-Germain. — Le Maréchal de Chastellux et ses descendans. — Souper chez M. Le Normand d'Étioles. — Détails donnés par Saint-Germain sur la maison de Chastellux. — Anciennes poésies. — Épigramme du XVe siècle par Alain Chartier. — Épigramme du XVIe siècle par Melin de Saint-Gelais. — Histoire du Prince de Craon sur la Comtesse de Sennecterre. — Effet de l'élixir de longue vie. — Ses inconvéniens pour les pères de famille. — Le charlatan mystifié. 59

CHAP. V. La Comtesse de Brionne. — Les Princes de Lambesc et de Vaudémont. — Les anciens Comtes de Brienne et les Loménie. — Mme de Vaudémont, belle-fille de Mme de Brionne. — Sa naissance, son caractère, son goût pour les animaux. — Son voyage aux eaux de Bourbon. — Mme du Crest-Lancy. — Sa fille, Mme de Genlis. — Pélerinage à Saint-Hubert contre la rage. — Rancune étrange de Mme de Vaudémont. — Intrigues du Palais-Royal. — Le fils du Régent. — Ses prétentions au savoir. — On lui persuade qu'il a appris le grec et l'hébreu. — Le Késouch-Emouna. — Les Exaples. — Retraite de ce Prince. — Sa rancune envers Louis XV. — Ses manies. — Sa mort. — Mademoiselle de Sens et les billets de Mme de Pompadour. — Le catafalque de Mademoiselle de Sens. — Scène étrange. — Croyance populaire à ce sujet. — Mlle Dupont, tante de Mme Roland. — Son opinion sur le docteur Bouvard. — Sa réponse à l'Évêque de Ruremonde. — Rancune des jansénistes contre saint Vincent de Paul. — Le Marquis de Paulmy. — Le Duc de Luxembourg en capucin. — Le Duc d'Aumont. — Conseil que lui donne le Maréchal de Richelieu. — Le fils de l'auteur, alors Marquis de Canaples. — Sa réponse à un beau parleur 72

CHAP VI. Regrets et découragement de l'auteur. — Scandales contemporains. — Présentation de Mme de Pompadour à Versailles. — Son portrait. — Protocole à l'usage de Mme de Pompadour. — La *Pomponière* de la Reine. — Visite chez Mme de Pompadour. — Une ariette d'Irphise. — Le Marquis de Marigny. — Le Duc d'Orléans. — Son théâtre grivois. — Sa première femme et ses maîtresses — La Duchesse d'Orléans et ses poésies. — Son portrait. — Quelques aventures de cette princesse. — Société du Palais-Royal. — M. et Mme de Polignac. — Mme de Coislin. — M. d'Osmond-le-malencontreux. — La Comtesse de Blot. — Son étrange afféterie. — Mme de Montesson, ses talens prétendus. — Sa bonne conduite et le mariage de sa nièce. — Le Chevalier de Tymbrune et M. de Valence. — La Comtesse de Boufflers et sa belle-fille. — La vérité sur le Masque de fer. — Le Chevalier ou Mlle d'Éon. — Sa querelle avec le Marquis de Guerchy. — Les philosophes économistes. — M. de Malesherbes. — M. de Sade. — Mme Dubarry à la plaine des Sablons. — Mlle Clairon dans le *vis-à-vis* d'une intendante. — Conséquence d'une vision pareille et prévision de la fin du monde. 107

CHAP. VII. Le petit roman. — Premier billet de part. — La Novice. — Le quartier d'Antin. — L'étiquette pour les billets des princes. — La Chanoinesse. — Les quatre grands-chevaux de Lorraine. — Le Maréchal et la Maréchale de Beauvau. — Mme de Craon. — L'Archevêque de Paris. — La prise d'habit. — Le Nonce du Pape et l'Abbé de Bernis. — Un couplet galant. — Mot du Maréchal de Tessé. — La Duchesse d'Orléans. — Sa conduite à l'église. — Mot du Dauphin à son sujet. — Le Maréchal de Brissac et son dialecte gaulois. — Un arrêt du grand-conseil. — Le Vicomte de Gondrecourt. — Second billet de part. — Annonce de la *Gazette de France*. 193

PANÉGYRIQUE du Duc Louis-d'Orléans. — Procès-verbal sur les convulsionnaires. 216

FIN DE LA TABLE DU TOME TROISIÈME.

www.ingramcontent.com/pod-product-compliance
Lightning Source LLC
Chambersburg PA
CBHW060129170426
43198CB00010B/1088